Scale 1:280 000
or 4.42 miles to 1 inch
(2.8km to 1cm)

6th edition November 2006

© Automobile Association Developments Limited 2006
Original edition printed 2001

Maps © Institut Géographique National (France)

Published by AA Publishing (a trading name of Automobile
Association Developments Limited, whose registered office is
Fanum House, Basing View, Basingstoke, Hampshire
RG21 4EA, UK. Registered number 1878835).

ISBN-10: 0 7495 4990 4
ISBN-13: 978 0 7495 4990 9

A CIP catalogue record for this book is available from
The British Library.

Printed in Italy by Canale & C. S.P.A., Torino.

BIG ROAD ATLAS
FRANCE

Atlas contents

Town plans

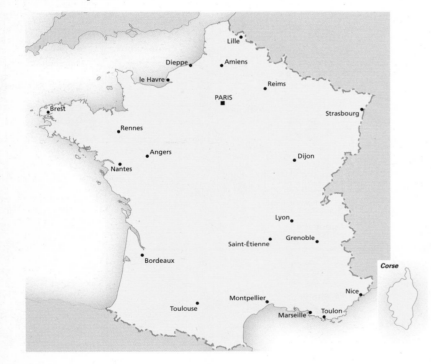

ROYAUME - UNI

GB

To help you navigate safely
and easily, see the AA's
Great Britain atlases...
www.theAA.com/travel

Préparez votre trajet en
Grande-Bretagne en
consultant les cartes sur le site
www.theAA.com/travel

MANCHE

OCÉAN

ATLANTIQUE

ESPAGNE

ANDORRE
ANDORRA
LA VELLA

PARIS
LILLE
AMIENS
ROUEN
CAEN
RENNES
LE MANS
ORLÉANS
TOURS
ANGERS
NANTES
POITIERS
BOURGES
LA ROCHELLE
LIMOGES
CLERMONT-FERRAND
BORDEAUX
TOULOUSE
PAU
CARCASSONNE
PERPIGNAN

2 6 8 10 16 18 20 22 5 28 30 32 34 40 42 44 50 52 54 60 62 64 68 70 72 78 80 82 88

SANTANDER BILBAO DONOSTIA / SAN SEBASTIÁN PAMPLONA / IRUÑEA GASTEIZ VITORIA BURGOS LOGROÑO

0 km 150
0 miles 100

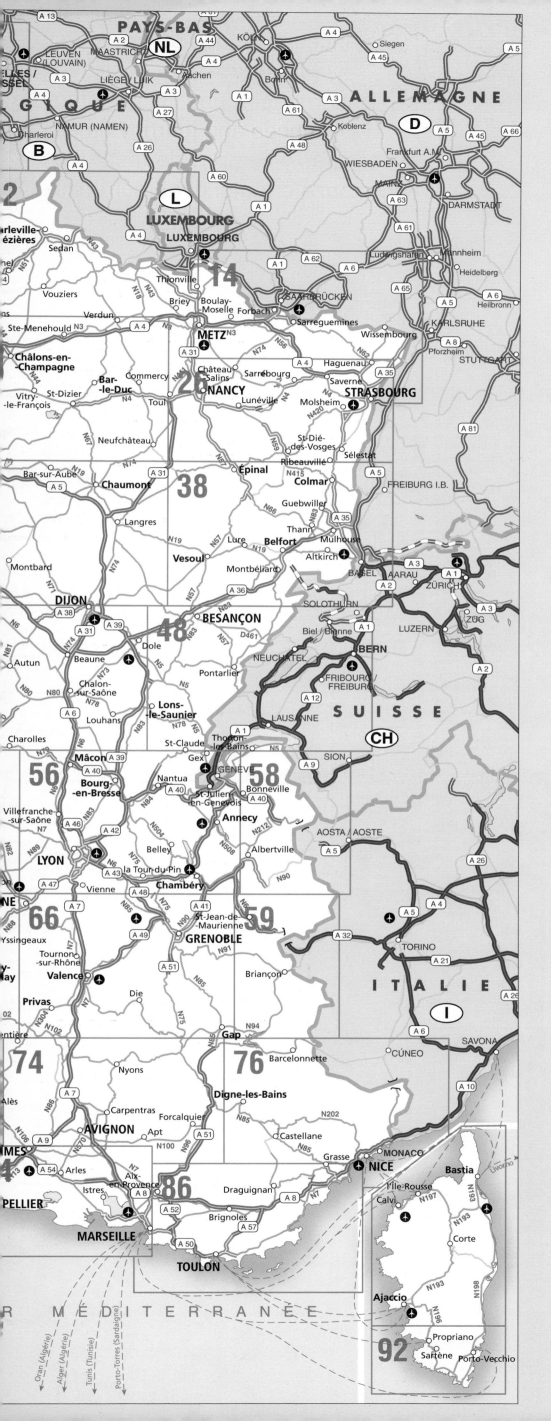

 Principaux axes routiers (F)

Routeplanner (NL)

Übersichtskarte (D)

 Route planner (GB)

Organizador de ruta (E)

 Guida agli itinerari (I)

III

Autoroute, section à péage
Autosnelweg, gedeelte met tol
Autobahn, gebührenpflichtiger Abschnitt
Motorway, toll section
Autopista de pago
Autostrada, tratto a pedaggio

Autoroute, section libre, voie à caractère autoroutier
Autosnelweg, tolvrij gedeelte, weg van het type autosnelweg
Autobahn, gebührenfreier Abschnitt, Schnellstraße
Motorway, toll-free section, dual carriageway with motorway characteristics
Autopista gratuita, autovía
Autostrada, tratto libero, strada con caratteristiche autostradale

Autoroute en construction
Autosnelweg in aanleg
Autobahn im Bau
Motorway under construction
Autopista en construcción
Autostrada in costruzione

Route appartenant au réseau vert
Verbindingsweg tussen belangrijke plaatsen (groene verkeersborden)
Verbindungsstraße zwischen wichtigen Städten (grüne Verkehrsschilder)
Connecting road between main towns (green road sign)
Carretera de la red verde (comunicación entre dos ciudades importantes)
Strada di grande comunicazione fra città importante (cartelli stradali verdi)

Autre route de liaison principale
Hoofdweg
Hauptstraße
Other main road
Otra carretera principal
Strada di grande comunicazione

Limite d'État
Staatsgrens
Staatsgrenze
International boundary
Límite de Nación
Confine di Stato

Numéros des pages
Kaartindeling
Kartenübersicht
Index to maps in road map section
Mapas
Pagine della carta

140

Ferry-boat
Veerboot
Fähre
Vehicle ferry
Ferry
Traghetto

Ferry Seacat
Seacat veerboot
Seacat Fähre
Vehicle ferry-fast catamaran
Seacat Ferry
Traghetto Seacat

Distances et Temps de Parcours (F)
Afstanden en reistijden (NL)
Entfernungen und Reisezeiten (D)
Distances and journey times (GB)
Distancias y tiempos de recorrido (E)
Distanze e tempi di percorrenza (I)

temps de parcours en heures et en minutes reistijden Reisezeiten journey times tiempos de recorrido tempi di percorrenza

distances en kilomètres afstanden Entfernungen distances distancias distanze

Légende (F)
Legenda (NL)
Legende (D)

(GB) Legend
(E) Leyenda
(I) Legenda

1

Français / Nederlands / Deutsch	English / Español / Italiano
Autoroute, section à péage (1), Autoroute, section libre (2), Voie à caractère autoroutier (3) Autosnelweg, gedeelte met tol (1), Autosnelweg, tolvrij gedeelte (2), Weg van het type autosnelweg (3) Autobahn, gebührenpflichtiger Abschnitt (1), Autobahn, gebührenfreier Abschnitt (2), Schnellstraße (3)	Motorway, toll section (1), Motorway, toll-free section (2), Dual carriageway with motorway characteristics (3) Autopista de pago (1), Autopista gratuita (2), autovía (3) Autostrada, tratto a pedaggio (1), Autostrada, tratto libero (2), strada con caratteristiche autostradale (3)
Barrière de péage (1), Aire de service (2), Aire de repos (3) Tolversperring (1), Tankstation (2), Rustplaats (3) Mautstelle (1), Tankstelle (2), Rastplatz (3)	Tollgate (1), Service area (2), Rest area (3) Barrera de peaje (1), Área de servicio (2), Área de descanso (3) Barriera di pedaggio (1), Area di servizio (2), Area di riposo (3)
Échangeur: complet (1), partiel (2), numéro Knooppunt: volledig (1), gedeeltelijk (2), nummer Vollanschlußstelle (1), beschränkte Anschlußstelle (2), Nummer	Junction: complete (1), restricted (2), number Acceso: completo (1), parcial (2), número Svincolo: completo (1), parziale (2), numero
Autoroute en construction (1), Radar fixe (2) Autosnelweg in aanleg (1), Verkeersradar (2) Autobahn im Bau (1), Radarkontrolle (2)	Motorway under construction (1), Speed camera (fixed radar) (2) Autopista en construcción (1), Radar (2) Autostrada in costruzione (1), Radar (2)
Route appartenant au réseau vert Verbindingsweg tussen belangrijke plaatsen (groene verkeersborden) Verbindingsstraße zwischen wichtigen Städten (grüne Verkehrsschilder)	Connecting road between main towns (green road sign) Carretera de la red verde (comunicación entre dos ciudades importantes) Strada di grande comunicazione fra città importante (cartelli stradali verdi)
Autre route de liaison principale (1), Route de liaison régionale (2), Autre route (3) Hoofdweg (1), Streekverbindingsweg (2), Andere weg (3) Hauptstraße (1), Regionale Verbindungsstraße (2), Sonstige Straße (3)	Other main road (1), Regional connecting road (2), Other road (3) Otra carretera principal (1), Carretera regional (2), Carretera local (3) Strada di grande comunicazione (1), Strada di collegamento regionale (2), Altra strada (3)
Route en construction Weg in aanleg Straße im Bau	Road under construction Carretera en construcción Strada in construzione
Route irrégulièrement entretenue (1), Chemin (2) Onregelmatig onderhoude weg (1), Pad (2) Nicht regelmäßig instandgehaltene Straße (1), Fußweg (2)	Not regularly maintained road (1), Footpath (2) Carretera sin revestir (1), Camino (2) Strada di irregolare manutenzione (1), Sentiero (2)
Tunnel (1), Route interdite (2) Tunnel (1), Verboden weg (2) Tunnel (1), Gesperrte Straße (2)	Tunnel (1), Prohibited road (2) Túnel (1), Carretera prohibida (2) Galleria (1), Strada vietata (2)
Distances kilométriques (km), Numérotation: Autoroute, type autoroutier Afstanden in kilometers (km), Wegnummers: Autosnelweg Entfernungen in Kilometern (km), Straßennummerierung: Autobahn	Distances in kilometres (km), Road numbering: Motorway Distancia en kilómetros (km), Numeración de las carreteras: Autopista Distanze in chilometri (km), Numero di strada: Autostrada
Distances kilométriques sur route, Numérotation: Autre route Wegafstanden in kilometers, Wegnummers: Andere weg Straßenentfernungen in Kilometern, Straßennummerierung: Sonstige Straße	Distances in kilometres on road, Road numbering: Other road Distancia en kilómetros por carretera, Numeración de las carreteras: Otra carretera Distanze in chilometri su strada, Numero di strada: Altra strada
Chemin de fer, gare, arrêt, tunnel Spoorweg, station, halte, tunnel Eisenbahn, Bahnhof, Haltepunkt, Tunnel	Railway, station, halt, tunnel Ferrocarril, estación, parada, túnel Ferrovia, stazione, fermata, galleria
Aéroport (1), Aérodrome (2), Liaison maritime (3) Luchthaven (1), Vliegveld (2), Bootdienst met autovervoer (3) Flughafen (1), Flugplatz (2), Autofähre (3)	Airport (1), Airfield (2), Ferry route (3) Aeropuerto (1), Aeródromo (2), Línea marítima (ferry) (3) Aeroporto (1), Aerodromo (2), Collegamento maritimo (ferry) (3)
Zone bâtie (1), Zone industrielle (2), Bois (3) Bebouwde kom (1), Industriezone (2), Bos (3) Geschlossene Bebauung (1), Industriegebiet (2), Wald (3)	Built-up area (1), Industrial park (2), Woods (3) Zona edificada (1), Zona industrial (2), Bosque (3) Zona urbanistica (1), Zona industriale (2), Bosco (3)
Limite de département (1), de région (2), limite d'État (3) Departement- (1), gewest- (2), Staatsgrens (3) Departemente- (1), Region- (2), Staatsgrenze (3)	Département (1), region (2), international boundary (3) Límite de departamento (1), de región (2), de Nación (3) Confine di dipartimento (1), di regione (2), di Stato (3)
Limite de camp militaire (1), Limite de Parc (2) Grens van militair kamp (1), Parkgrens (2) Truppenübungsplatzgrenze (1), Naturparkgrenze (2)	Military camp boundary (1), Park boundary (2) Límite de campo militar (1) Límite de Parque (2) Limite di campo militare (1), Limite di parco (2)
Marais (1), Marais salants (2), Glacier (3) Moeras (1), Zoutpan (2), Gletsjer (3) Sumpf (1), Salzteiche (2), Gletscher (3)	Marsh (1), Salt pan (2), Glacier (3) Marisma (1), Salinas (2), Glaciar (3) Palude (1), Saline (2), Ghiacciaio (3)
Région sableuse (1), Sable humide (2) Zandig gebied (1), Getijdengebied (2) Sandgebiet (1), Gezeiten (2)	Dry sand (1), Wet sand (2) Zona arenosa (1), Arena húmida (2) Area sabbiosa (1), Sabbia bagnata (2)
Cathédrale (1), Abbaye (2), Église (3), Chapelle (4) Kathedraal (1), Abdij (2), Kerkgebouw (3), Kapel (4) Dom (1), Abtei (2), Kirche (3), Kapelle (4)	Cathedral (1), Abbey (2), Church (3), Chapel (4) Catedral (1), Abadía (2), Iglesia (3), Capilla (4) Cattedrale (1), Abbazia (2), Chiesa (3), Cappella (4)
Château (1), Château ouvert au public (2), Musée (3) Kasteel (1), Kasteel open voor publiek (2), Museum (3) Schloß (1), Schloßbesichtigung (2), Museum (3)	Castle (1), Castle open to the public (2), Museum (3) Castillo (1), Castillo abierto al público (2), Museo (3) Castello (1), Castello aperto al pubblico (2), Museo (3)
Localité d'intérêt touristique Bezienswaardige plaats Sehenswerter Ort	Town of tourist interest Localidad de interés turístico Località di interesse turistico

LA ROCHELLE
Baou-des-Blanc

Français / Nederlands / Deutsch	English / Español / Italiano
Phare (1), Moulin (2), Curiosité (3), Cimetière militaire (4) Vuurtoren (1), Molen (2), Bezienswaardigheid (3), Militaire begraafplaats (4) Leuchtturm (1), Mühle (2), Sehenswürdigkeit (3), Soldatenfriedhof (4)	Lighthouse (1), Mill (2), Place of interest (3), Military cemetery (4) Faro (1), Molino (2), Curiosidad (3), Cementerio militar (4) Faro (1), Mulino (2), Curiosità (3), Cimitero militare (4)
Grotte (1), Mégalithe (2), Vestiges antiques (3), Ruines (4) Grot (1), Megaliet (2), Historische overblijfselen (3), Ruïnes (4) Höhle (1), Megalith (2), Altertümliche Ruinen (3), Ruinen (4)	Cave (1), Megalith (2), Antiquities (3), Ruins (4) Cueva (1), Megalito (2), Vestigios antiguos (3), Ruinas (4) Grotta (1), Megalite (2), Vestigia antiche (3), Rovine (4)
Point de vue (1), Panorama (2), Cascade ou source (3) Uitzichtspunt (1), Panorama (2), Waterval of bron (3) Aussichtspunkt (1), Rundblick (2), Wasserfall oder Quelle (3)	Viewpoint (1), Panorama (2), Waterfall or spring (3) Punto de vista (1), Panorama (2), Cascada o fuente (3) Punto di vista (1), Panorama (2), Cascata o sorgente (3)
Station thermale (1), Sports d'hiver (2), Refuge (3), Activités de loisirs (4) Kuuroord (1), Wintersport (2), Schuilhut (3), Recreatieactiviteiten (4) Kurort mit Thermalbad (1), Wintersportort (2), Berghütte (3), Freizeittätigkeiten (4)	Spa (1), Winter sports resort (2), Refuge hut (3), Leisure activities (4) Estación termal (1), Estación de deportes de invierno (2), Refugio (3), Actividades de ocios (4) Stazione termale (1), Stazione di sport invernali (2), Rifugio (3), Attività di divertimenti (4)
Maison du Parc (1), Réserve naturelle (2), Parc ou jardin (3) Informatiebureau van natuurreservaat (1), Natuurreservaat (2), Park of tuin (3) Informationsbüro des Parks (1), Naturschutzgebiet (2), Park oder Garten (3)	Park visitor centre (1), Nature reserve (2), Park or garden (3) Casa del parque (1), Reserva natural (2), Parque o jardín (3) Casa del parco (1), Riserva naturale (2), Parco o giardino (3)
Chemin de fer touristique (1), Téléphérique (2) Toeristische trein (1), Kabelspoor (2) Touristische Kleinbahn (1), Seilbahn (2)	Tourist railway (1), Aerial cableway (2) Tren turístico (1), Teleférico (2) Ferrovia di interesse turistico (1), Teleferica (2)

Depuis le 1er janvier 2006, certaines routes nationales sont transférées dans le domaine routier départemental et voient leur numérotation changer. En attendant la prise en compte de ces changements dans la signalisation routière, le nouveau numéro départemental est accompagné de l'ancien numéro national.	In France, since January 2006, some national (N) roads have become departmental (D) roads and their designation letter has changed as a result. Whilst awaiting all the road sign changes to be implemented on the ground both the old and new versions are shown in this atlas.

D7n N7   N7 / D7n   D7n N7   D7n / N7

1:280 000

0   5   10   km   15   20   25

0   5   miles   10   15

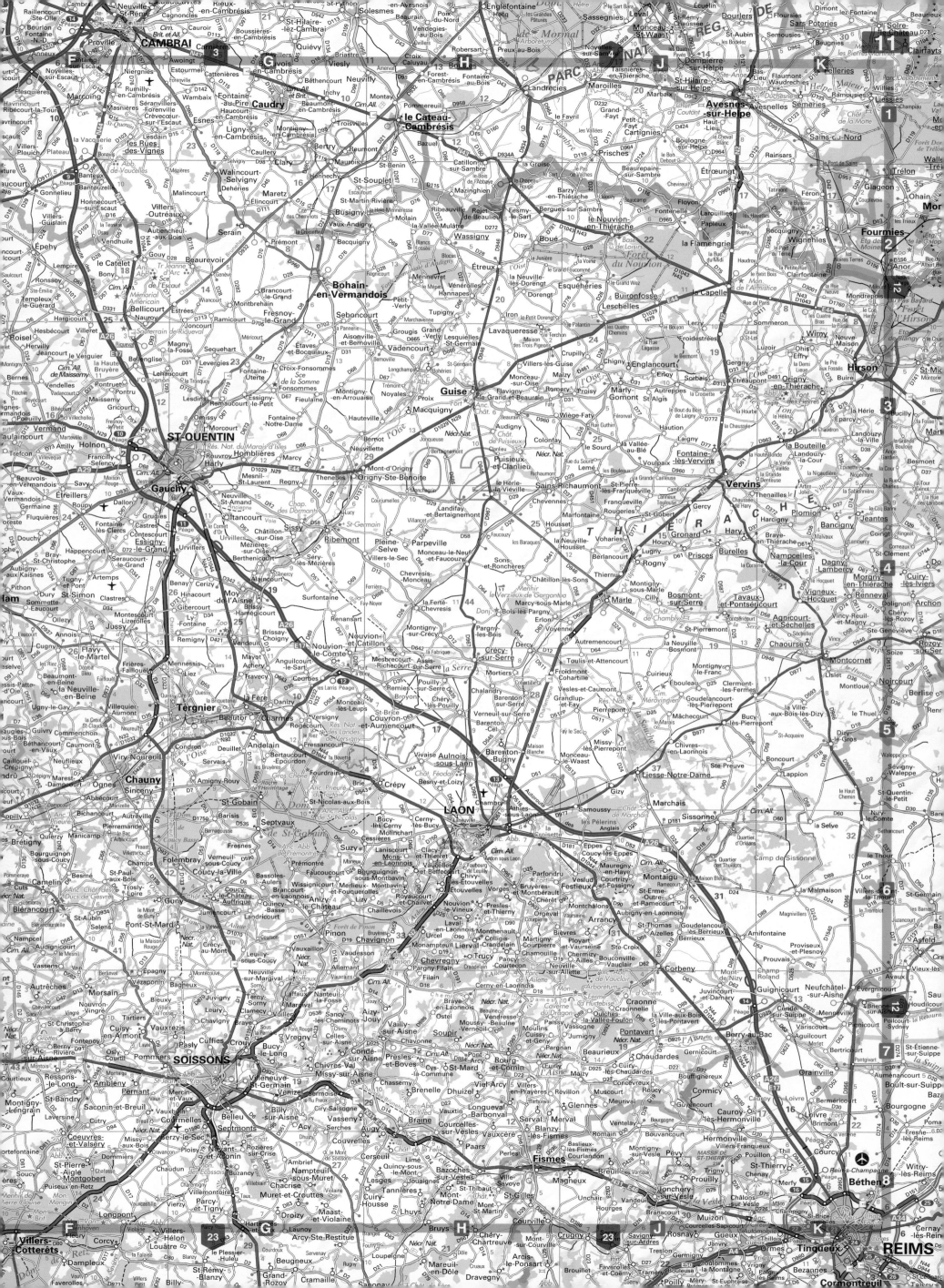

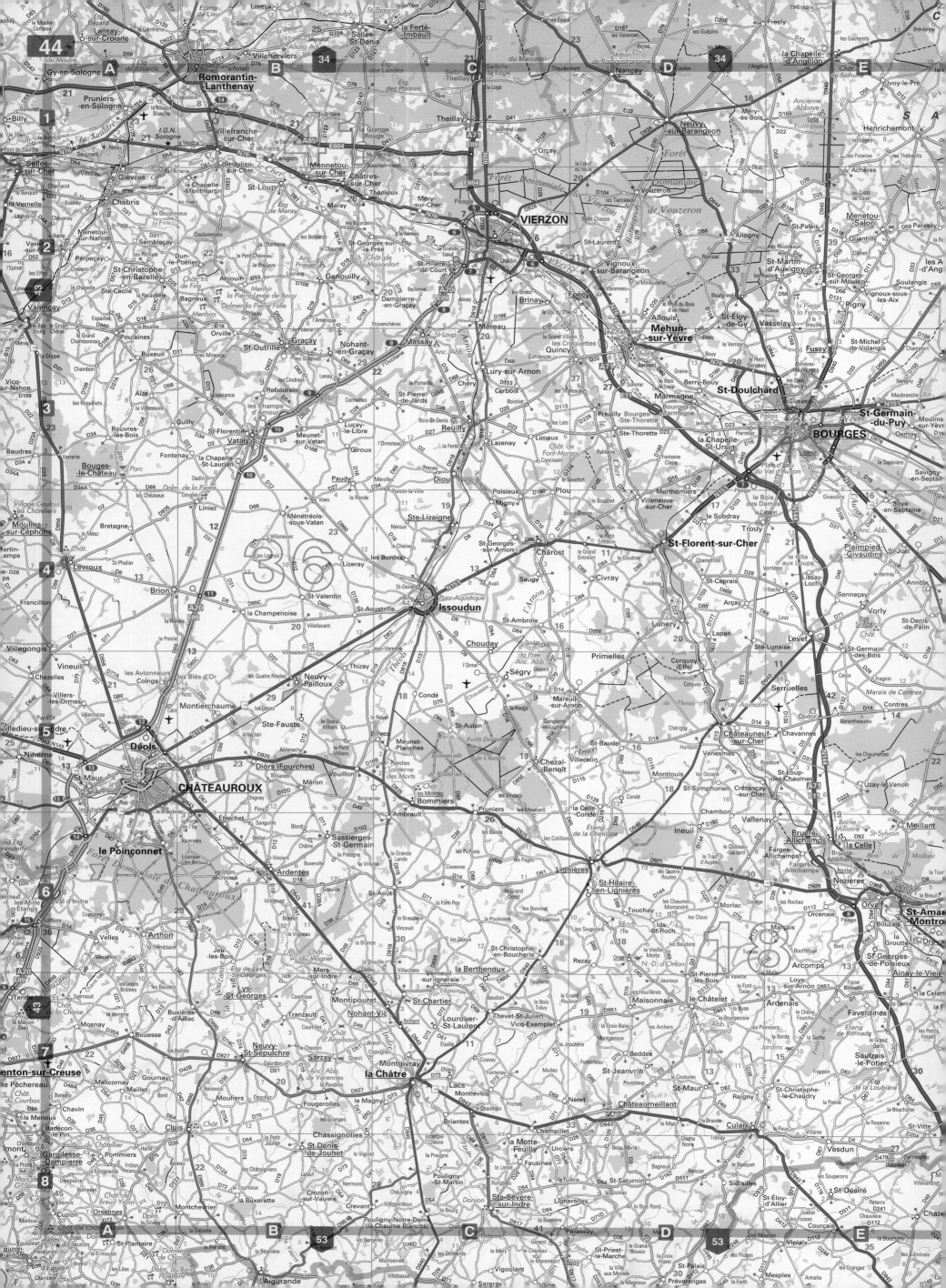

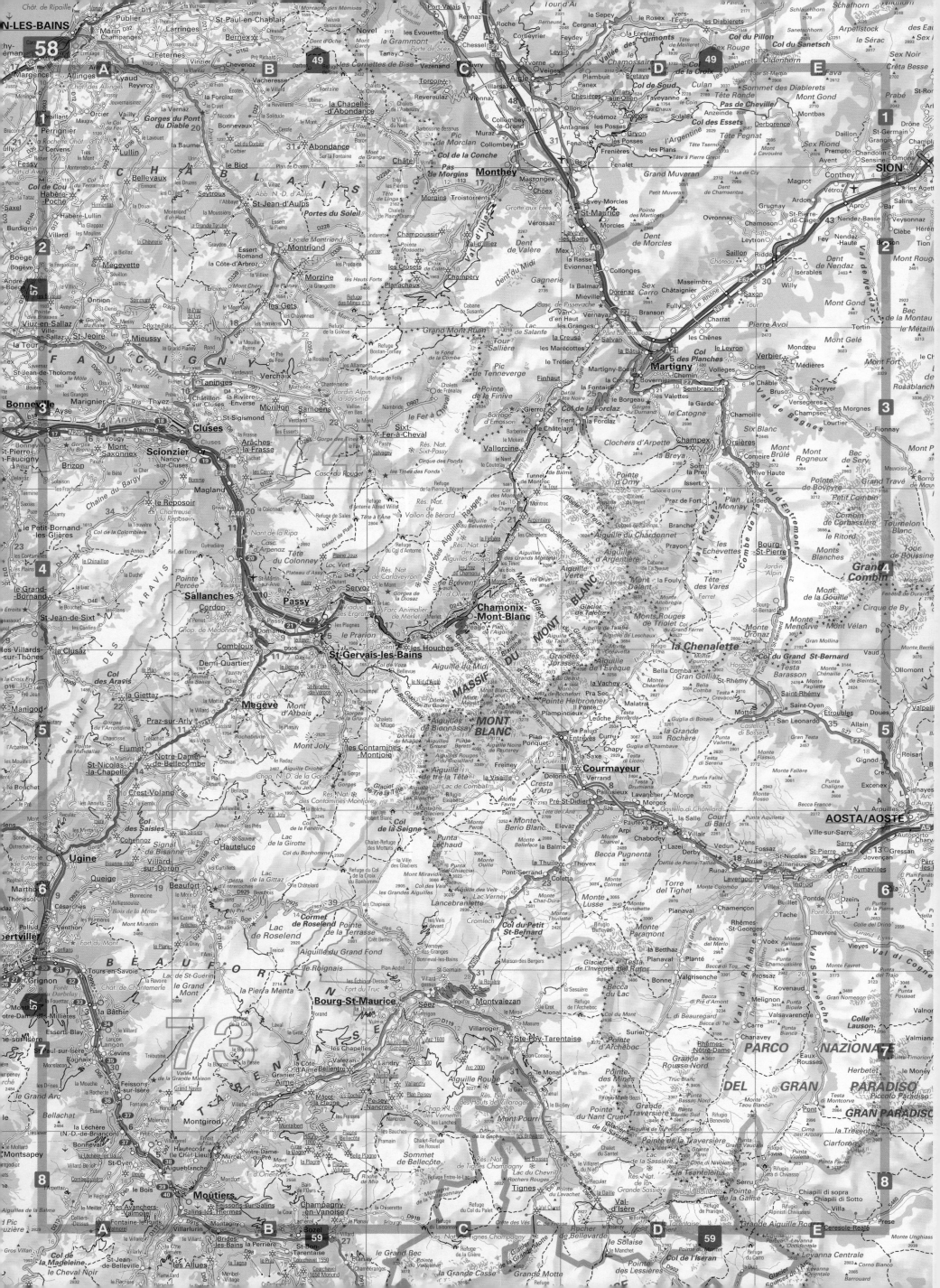

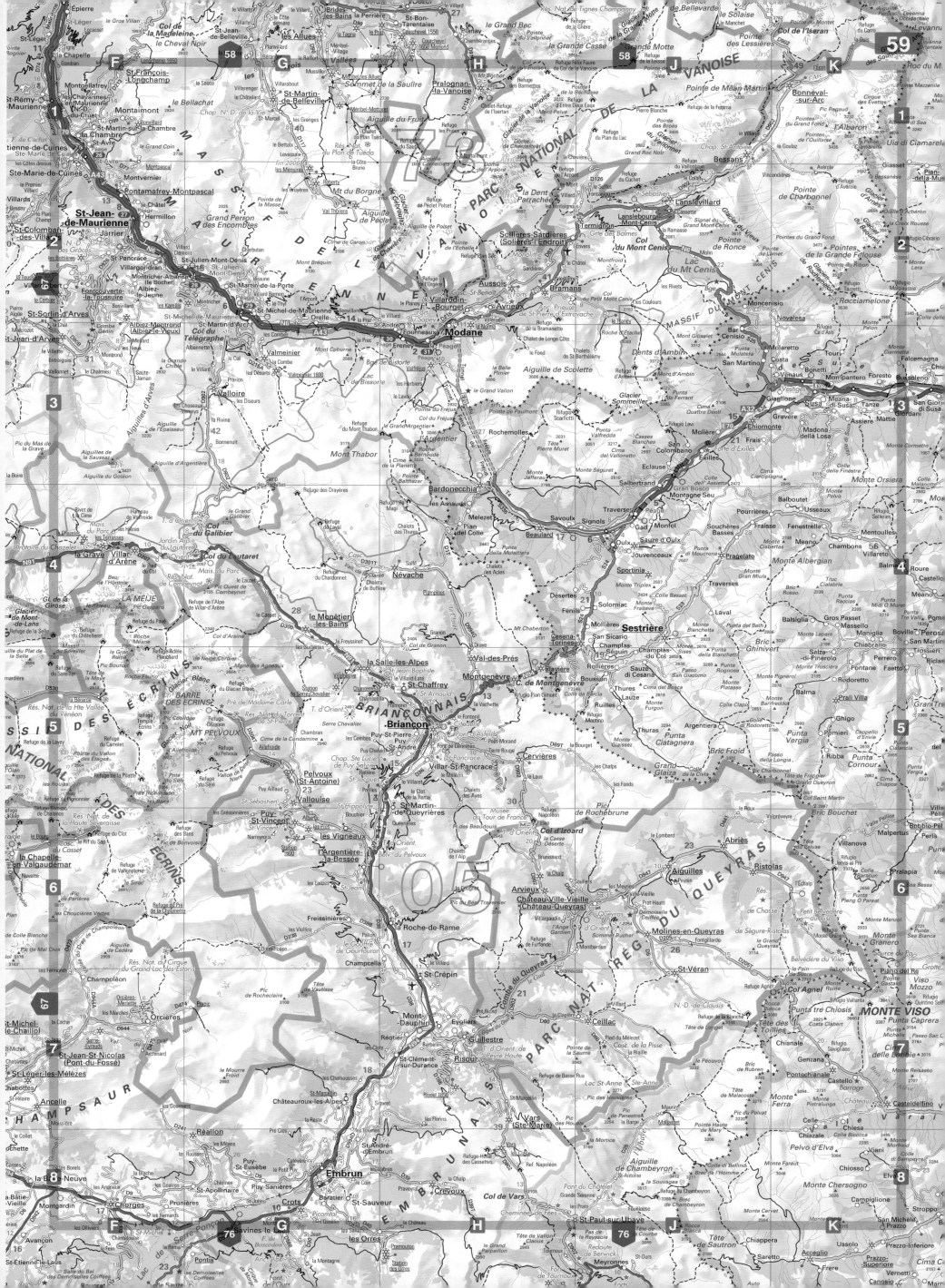

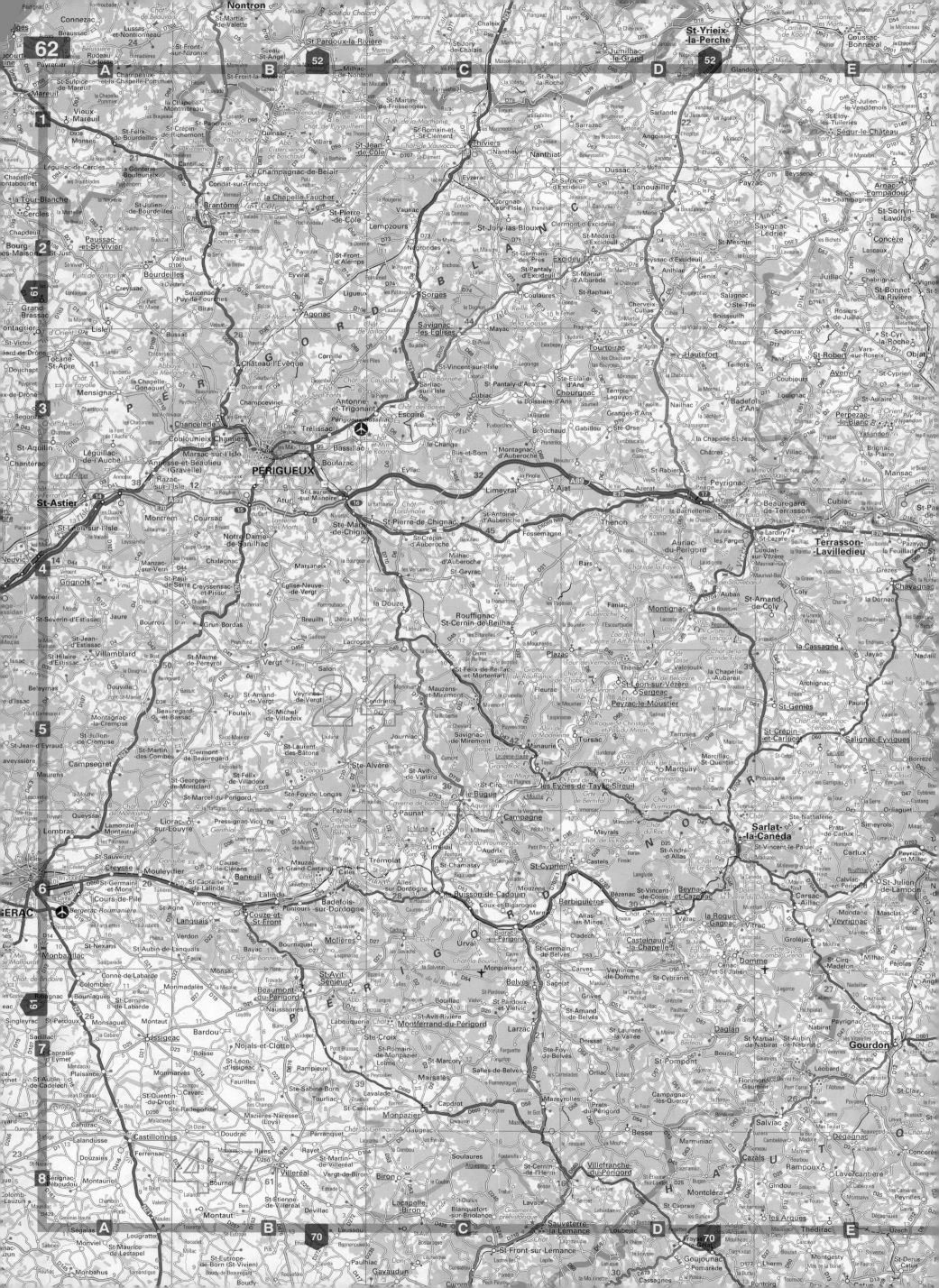

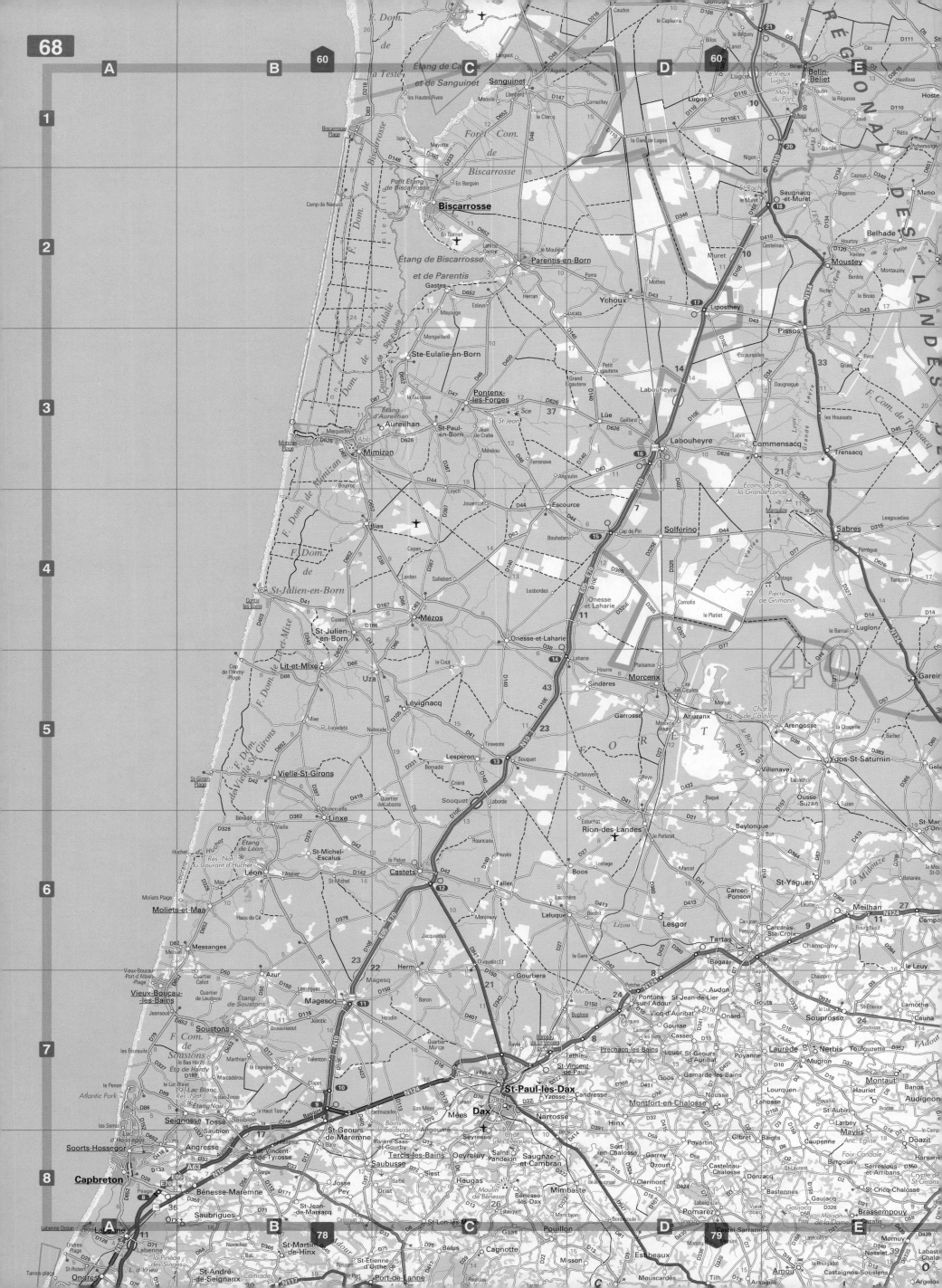

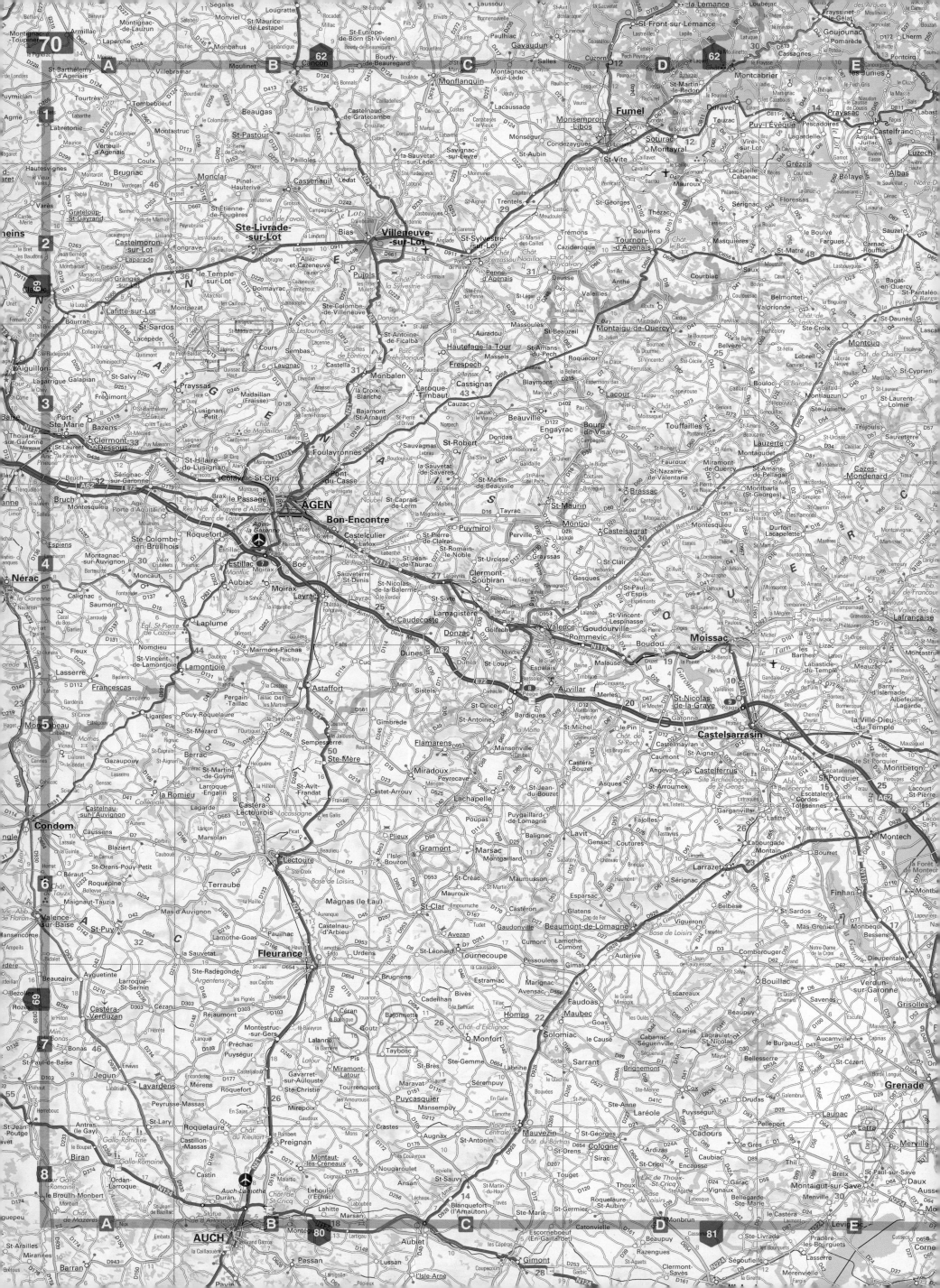

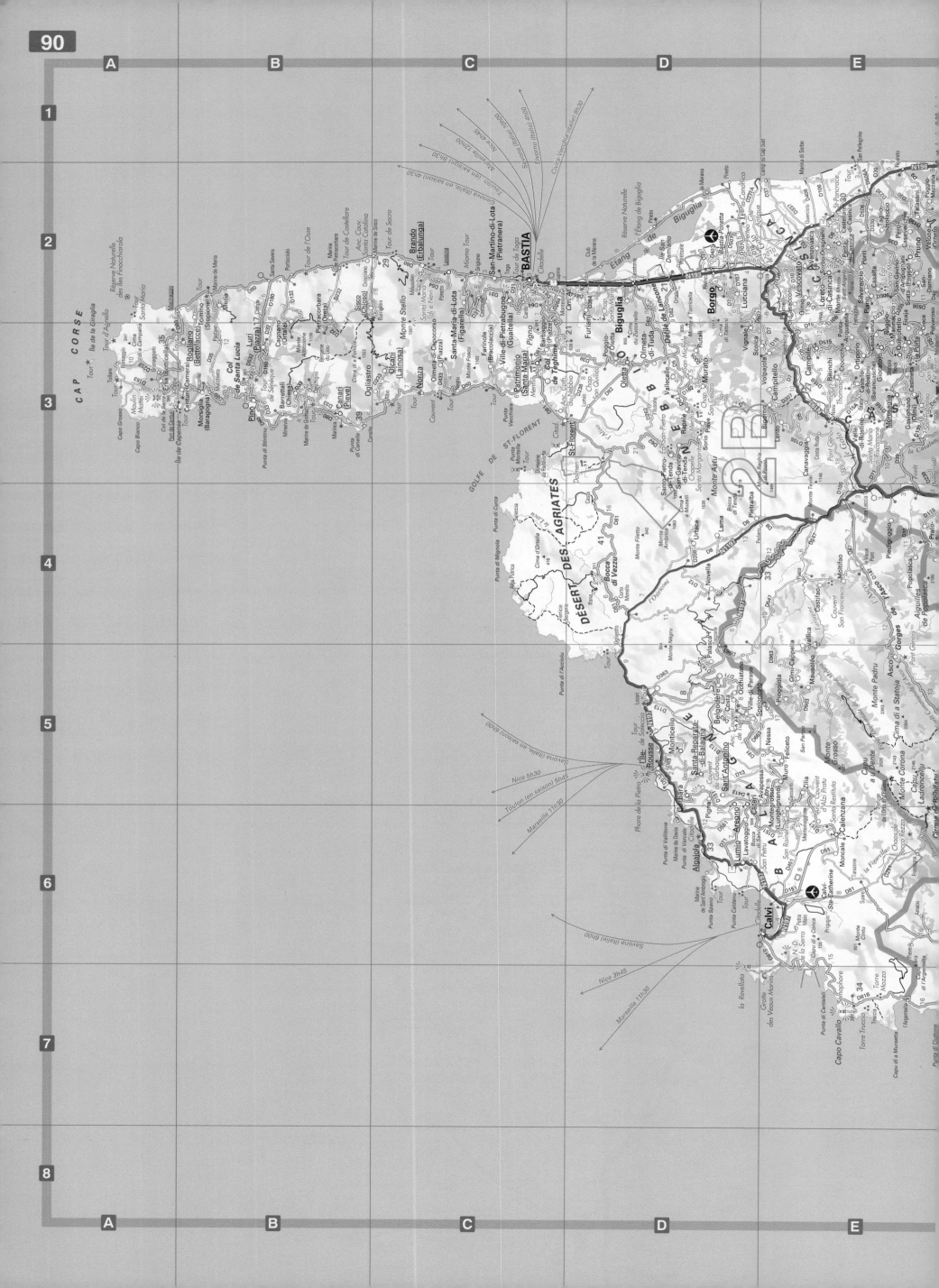

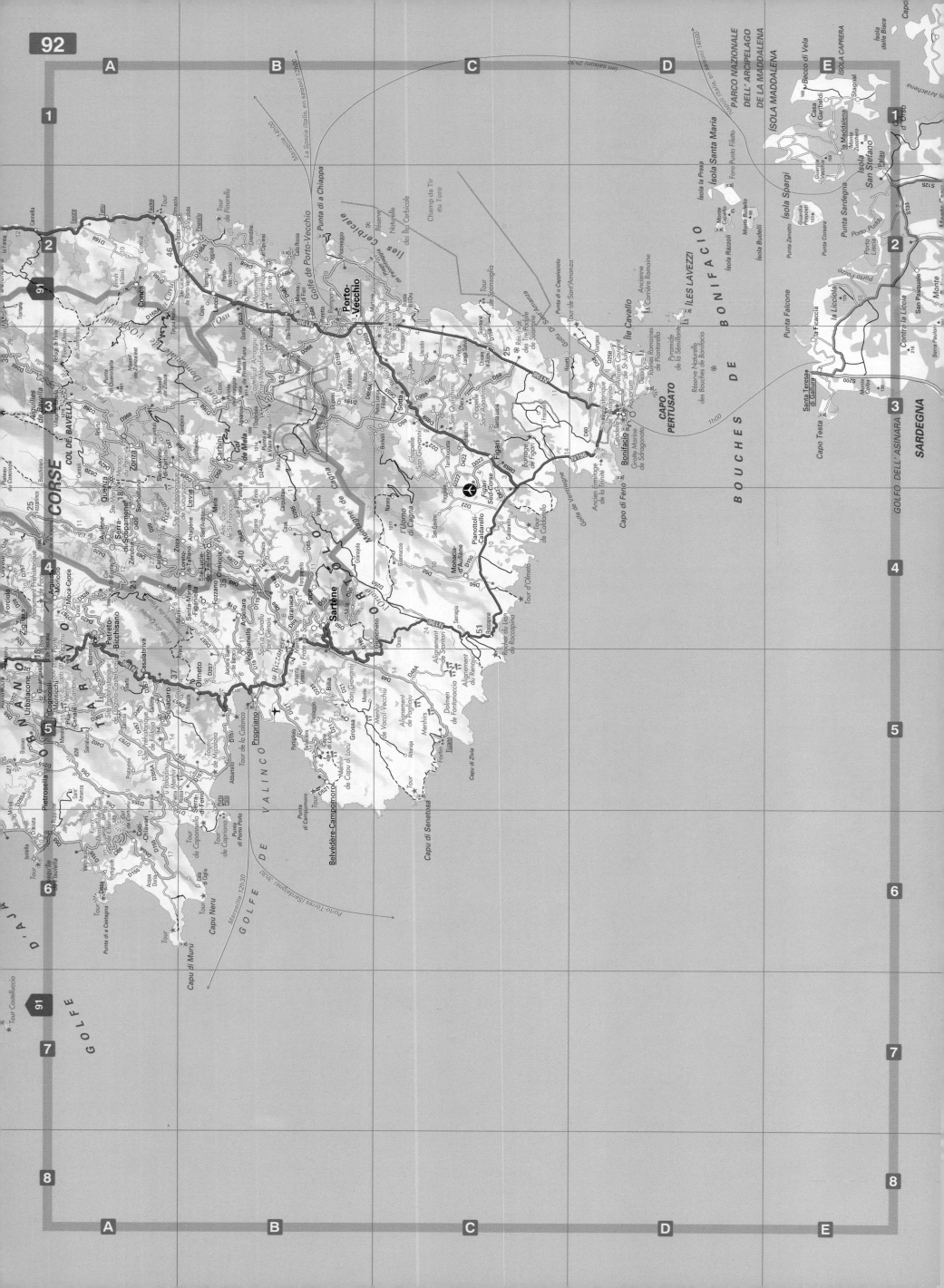

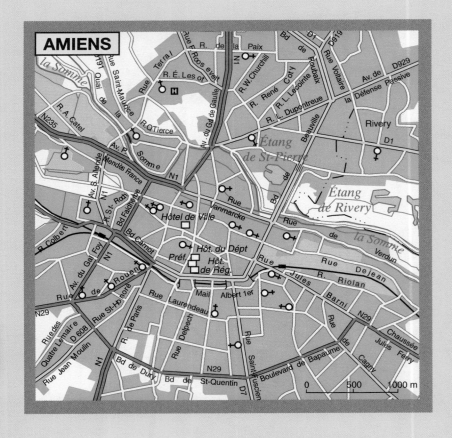

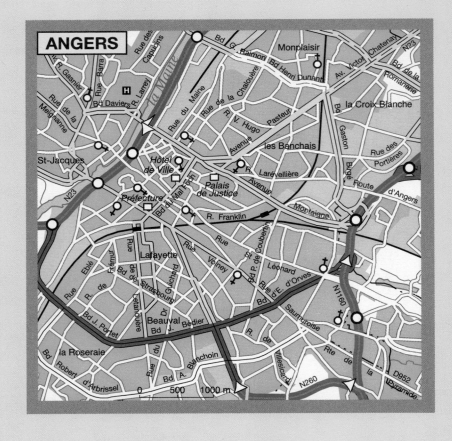

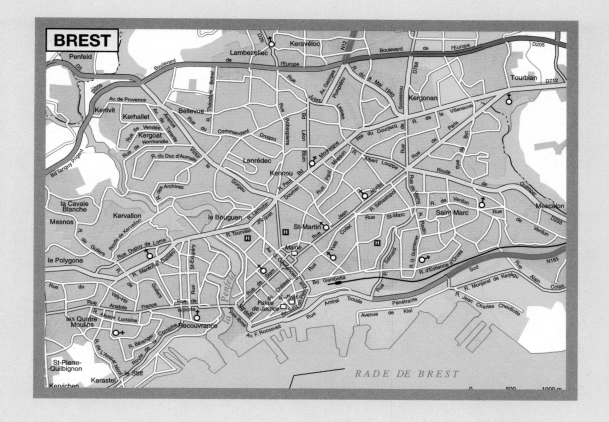

BREST

RADE DE BREST

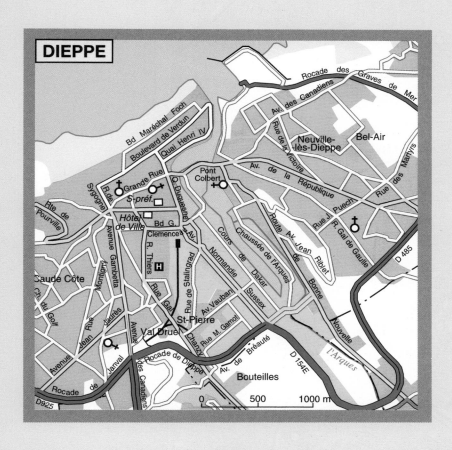

DIEPPE

DIJON

GRENOBLE

LE HAVRE

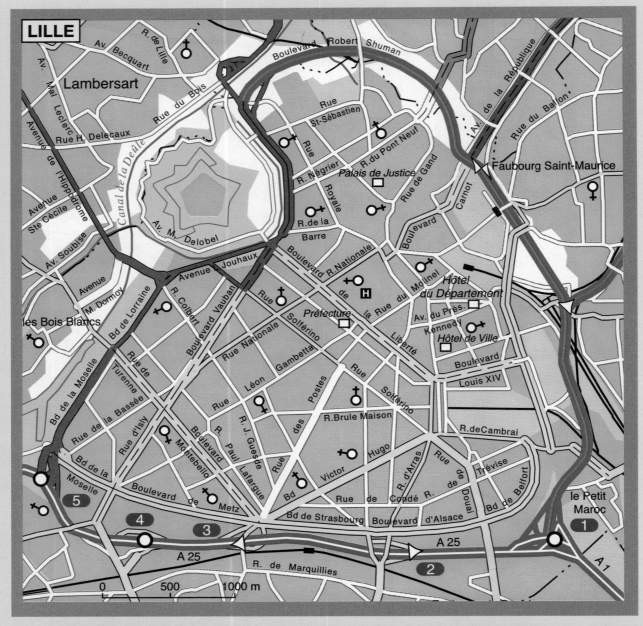

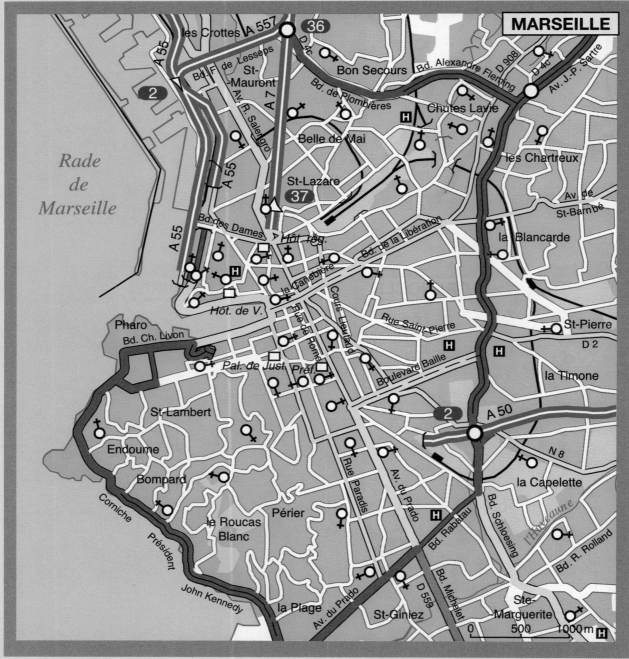

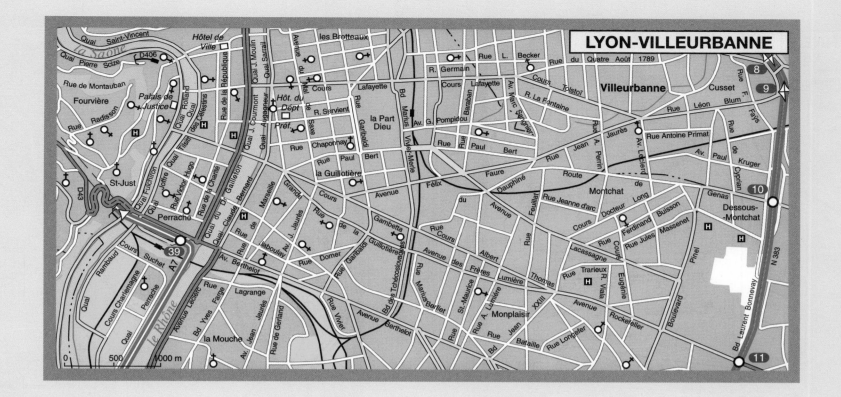

LYON-VILLEURBANNE

97

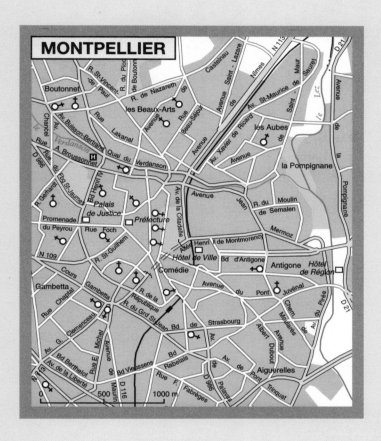

MONTPELLIER

NANTES

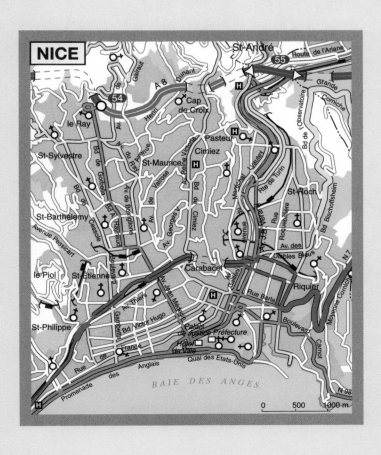

NICE

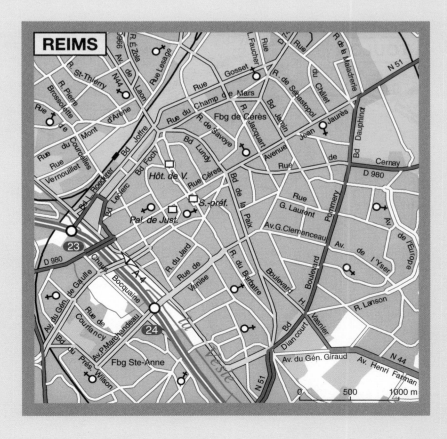

REIMS

RENNES

SAINT-ÉTIENNE

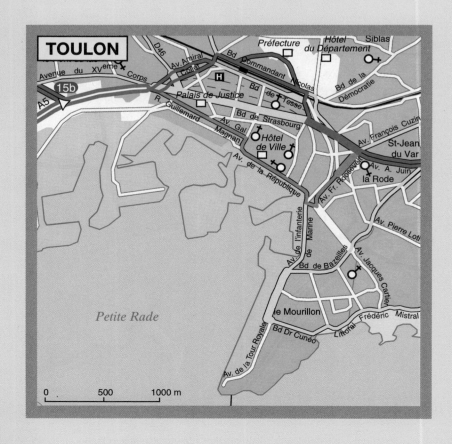

TOULON

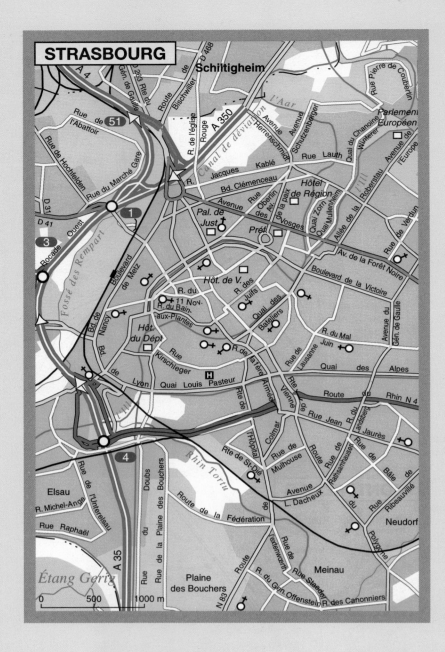

STRASBOURG

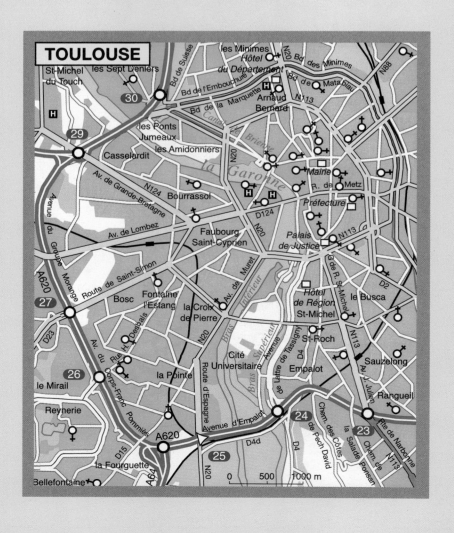

TOULOUSE

France administrative (F)
Overzicht departementen (NL)
Departementskarte (D)

Département map (GB)
Mapa departamental (E)
Carta dipartimentale (I)

1	Ain	48	Lozère
2	Aisne	49	Maine-et-Loire
3	Allier	50	Manche
4	Alpes-de-Haute-Provence	51	Marne
5	Hautes-Alpes	52	Haute-Marne
6	Alpes-Maritimes	53	Mayenne
7	Ardèche	54	Meurthe-et-Moselle
8	Ardennes	55	Meuse
9	Ariège	56	Morbihan
10	Aube	57	Moselle
11	Aude	58	Nièvre
12	Aveyron	59	Nord
13	Bouches-du-Rhône	60	Oise
14	Calvados	61	Orne
15	Cantal	62	Pas-de-Calais
16	Charente	63	Puy-de-Dôme
17	Charente-Maritime	64	Pyrénées-Atlantiques
18	Cher	65	Hautes-Pyrénées
19	Corrèze	66	Pyrénées-Orientales
2A	Corse-du-Sud	67	Bas-Rhin
2B	Haute-Corse	68	Haut-Rhin
21	Côte-d'Or	69	Rhône
22	Côtes d'Armor	70	Haute-Saône
23	Creuse	71	Saône-et-Loire
24	Dordogne	72	Sarthe
25	Doubs	73	Savoie
26	Drôme	74	Haute-Savoie
27	Eure	75	Paris
28	Eure-et-Loir	76	Seine-Maritime
29	Finistère	77	Seine-et-Marne
30	Gard	78	Yvelines
31	Haute-Garonne	79	Deux-Sèvres
32	Gers	80	Somme
33	Gironde	81	Tarn
34	Hérault	82	Tarn-et-Garonne
35	Ille-et-Vilaine	83	Var
36	Indre	84	Vaucluse
37	Indre-et-Loire	85	Vendée
38	Isère	86	Vienne
39	Jura	87	Haute-Vienne
40	Landes	88	Vosges
41	Loir-et-Cher	89	Yonne
42	Loire	90	Territoire de Belfort
43	Haute-Loire	91	Essonne
44	Loire-Atlantique	92	Hauts-de-Seine
45	Loiret	93	Seine-Saint-Denis
46	Lot	94	Val-de-Marne
47	Lot-et-Garonne	95	Val-d'Oise

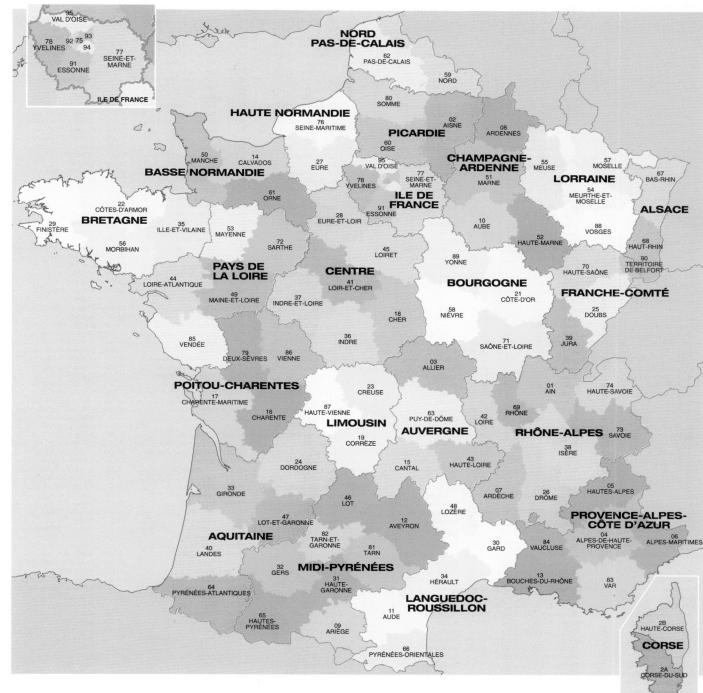

99

Aspres-sur-Buëch - Brunvillers-la-Motte

100

Aspres-sur-Buëch (05) 67 H8
Assas (34) 73 J8
Assat (64) 79 H4
Assier (46) 63 H7
Assieu (38) 66 C1
Astaffort (47) 70 B5
Asté (65) 80 A5
Aste-Béon (64) 79 H5
Athies (80) 10 E3
Athis (51) 24 B2
Athis-de-l'Orne (61) 19 H1
Athis-Mons (91) 22 D5
Attichy (60) 10 E7
Attigny (08) 12 C6
Aubagne (13) 86 B5
Aubazat (43) 65 F4
Aubazines (19) 63 G3
Aube (57) 14 A5
Aube (61) 20 D5
Aubenas (07) 66 A8
Aubenton (02) 12 A3
Aubepierre-sur-Aube (52) 37 F4
Aubergenville (78) 21 K3
Auberive (52) 37 G5
Auberville-la-Manuel (76) 8 D3
Aubervilliers (93) 22 D3
Aubeterre-sur-Dronne (16) 61 J2
Aubiac (47) 70 B4
Aubière (63) 54 D6
Aubignan (84) 74 E4
Aubigné-Racan (72) 32 B6
Aubigné-sur-Layon (49) 31 H7
Aubigny (14) 7 K8
Aubigny (85) 40 E7
Aubigny-au-Bac (59) 3 J8
Aubigny-en-Artois (62) 3 F7
Aubigny-sur-Nère (18) 34 D7
Aubin (12) 71 K1
Aubin-Saint-Vaast (62) 2 C7
Aubry-en-Exmes (61) 20 A4
Aubure (68) 39 G1
Aubusson (23) 53 J5
Auby (59) 3 H6
Aucamville (31) 71 F8
Auch (32) 70 B8
Auchel (62) 2 E6
Auchy-la-Montagne (60) 10 A6
Auchy-lès-Hesdin (62) 2 D7
Aucun (65) 79 J6
Audaux (64) 79 F3
Audenge (33) 60 C7
Audes (03) 44 E8
Audeux (25) 48 B1
Audierne (29) 5 J6
Audignon (40) 68 E7
Audincourt (25) 38 E7
Audinghen (62) 2 B3
Audressein (09) 80 E6
Audrieu (14) 7 H5
Audruicq (62) 2 D3
Audun-le-Roman (54) 13 J7
Audun-le-Tiche (57) 13 J6
Auffay (76) 9 F4
Augé (79) 42 A8
Augerolles (63) 55 G7
Augers-en-Brie (77) 23 H5
Augerville-la-Rivière (45) 34 D1
Augisey (39) 47 K7
Augy (02) 11 H8
Augy-sur-Aubois (18) 45 G6
Aujac (30) 73 J2
Aulan (26) 75 G3
Aulnay (17) 51 G4
Aulnay-la-Rivière (45) 34 D2
Aulnay-sous-Bois (93) 22 D3
Aulnay-sur-Marne (51) 24 B3
Aulnay-sur-Mauldre (78) 21 K3
Aulnois-sous-Laon (02) 11 H5
Aulnois-sur-Seille (57) 14 A7
Aulnoy-lez-Valenciennes (59) 3 K7
Aulnoye-Aymeries (59) 4 B8
Aulon (31) 80 D4
Ault (80) 9 H1
Aulus-les-Bains (09) 81 G8
Aumale (76) 9 J4
Aumâtre (80) 9 J3
Aumelas (34) 83 J1
Aumetz (57) 13 J6
Aumont-Aubrac (48) 64 E7
Aumont-en-Halatte (60) 22 D1
Aunay-en-Bazois (58) 46 A3
Aunay-sous-Auneau (28) 21 J7
Aunay-sur-Odon (14) 7 H7
Auneau (28) 21 J7
Auneuil (60) 10 A7
Auppegard (76) 9 F4
Aups (83) 76 A8
Auquainville (14) 20 B2
Auray (56) 29 F4
Aurec-sur-Loire (43) 65 J2
Aureil (87) 52 E6
Aureilhan (40) 68 C3
Aureilhan (65) 80 A4
Aurel (26) 66 E7
Aurel (84) 75 G4
Aurelle-Verlac (12) 72 D1
Aurensan (32) 69 G8
Auriac (19) 63 J3
Auriac-du-Périgord (24) 62 D4
Auriac-l'Église (15) 64 D3
Auribeau-sur-Siagne (06) 76 E8
Auriébat (65) 80 A2
Aurignac (31) 80 E4
Aurillac (15) 64 A5
Auriol (13) 86 B5
Auris (38) 67 J4
Aurons (13) 75 F8
Auros (33) 69 H1
Auroux (48) 65 G7
Aussillon (81) 82 C2
Aussois (73) 59 H2
Aussurucq (64) 78 E4
Auterive (31) 81 H3
Authe (08) 12 D6
Autheuil (61) 20 D6
Autheuil-Authouillet (27) 21 G2
Autheuil-en-Valois (60) 23 G1
Authezat (63) 54 D7
Authie (14) 7 J6
les Authieux-sur-le-Port-Saint-Ouen (76) 9 F7
Authon-du-Perche (28) 32 E2
Authon-Ébéon (17) 51 F5
Autoire (46) 63 G6
Autouillet (78) 21 J4
Autrac (43) 64 D2
Autrans (38) 67 F3
Autrêches (60) 11 F7
Autreville (88) 25 K6
Autrey (88) 26 D8
Autrey-lès-Gray (70) 37 J7
Autricourt (21) 36 E3
Autry (08) 12 D8
Autry-Issards (03) 45 H7
Autry-le-Châtel (45) 34 E7
Autun (71) 46 D4
Auve (51) 24 E2
Auvers (43) 65 F5
Auvers (50) 6 E5
Auvers-le-Hamon (72) 31 J1
Auvers-sur-Oise (95) 22 C2
Auvillar (82) 70 C5
Auvillars-sur-Saône (21) 47 H3
Auvilliers (76) 9 H4
Auxerre (89) 35 J5
Auxey-Duresses (21) 47 F4
Auxi-le-Château (62) 2 D8
Aux Marais (60) 10 A7
Auxon (10) 36 A2
Auxonne (21) 47 J2
Auzances (23) 54 A4
Auzat (09) 81 H8
Auzelles (63) 55 F8
Auzers (15) 64 A3
Auzits (12) 72 A1
Auzon (43) 64 E2
Availles-Limouzine (86) 52 B3
Avallon (89) 36 A7
les Avanchers-Valmorel (73) 58 A8
Avançon (08) 12 A6
Avant-lès-Ramerupt (10) 24 C7
Avanton (86) 42 D6
Avaray (41) 33 H5
Avenas (69) 56 B3
Avenay-Val-d'Or (51) 24 B2
Avène (34) 72 E7
Avensan (33) 60 D4
Averdoingt (62) 2 E7
Averdon (41) 33 G6
Avermes (03) 45 J7
Avernes (95) 21 K2
Avesnes-Chaussoy (80) 9 K3
Avesnes-le-Comte (62) 3 F7
Avesnes-le-Sec (59) 3 K8
Avesnes-sur-Helpe (59) 11 J1
Avezan (32) 70 C6
Avezé (72) 32 D1
Avignon (84) 74 D6
Avignonet-Lauragais (31) 81 J3
Avion (62) 3 G6
Avioth (55) 13 F5
Avize (51) 24 B3
Avoine (37) 42 D2
Avolsheim (67) 27 H5
Avon (77) 22 E8
Avon-les-Roches (37) 42 E2
Avord (18) 45 F4
Avranches (50) 18 D2
Avrechy (60) 10 C7
Avrieux (73) 59 H2
Avrigney-Virey (70) 37 K8
Avrillé (49) 31 H4
Avy (17) 51 F8
Ax-les-Thermes (09) 81 K8
Axat (11) 82 B8
Axiat (09) 81 J8
Ay (51) 24 B2
Aydat (63) 54 C7
Ayen (19) 62 E3
Aynac (46) 63 H7
Ayron (86) 42 C6
Aytré (17) 50 C3
Azannes-et-Soumazannes (55) 13 G8
Azay-le-Ferron (36) 43 H5
Azay-le-Rideau (37) 42 E2
Azay-sur-Indre (37) 43 G2
Azé (71) 47 F8
Azerables (23) 53 F1
Azérat (43) 64 E2
Azet (65) 80 B7
Azille (11) 82 D4
Azincourt (62) 2 D6
Azy-sur-Marne (02) 23 H3

B

Baâlons (08) 12 C5
Baccarat (54) 26 E7
Bachy (59) 3 J5
Baconnes (51) 24 C1
Bacqueville-en-Caux (76) 9 F4
Badefols-d'Ans (24) 62 D3
Badefols-sur-Dordogne (24) 62 B6
Baden (56) 29 F4
Badonviller (54) 26 E6
Baerenthal (57) 15 G5
Bagas (33) 61 H8
Bâgé-le-Châtel (01) 56 C2
Bages (66) 89 G5
Bagnères-de-Bigorre (65) 80 A5
Bagnères-de-Luchon (31) 80 C8
Bagneux (92) 22 C4
Bagnizeau (17) 51 G5
Bagnoles-de-l'Orne (61) 19 J3
Bagnolet (93) 22 D4
Bagnols (63) 64 B1
Bagnols (69) 56 B5
Bagnols-en-Forêt (83) 87 H3
Bagnols-les-Bains (48) 73 H1
Bagnols-sur-Cèze (30) 74 C4
Bagnot (21) 47 H3
Baguer-Morvan (35) 18 C3
Baignes-Sainte-Radegonde (16) 61 G1
Baigneux-les-Juifs (21) 36 E6
Baillargues (34) 73 J8
Bailleau-Armenonville (28) 21 J7
Bailleau-le-Pin (28) 21 G8
Bailleul (59) 3 G4
Bailleul-lès-Pernes (62) 2 E6
Bailleulmont (62) 3 F8
Baillou (41) 32 E3
Bailly-le-Franc (10) 24 E6
Bain-de-Bretagne (35) 30 C1
Bains (43) 65 G5
Bains-les-Bains (88) 38 C3
Bais (35) 18 E7
Bais (53) 19 J6
Baix (07) 66 C7
Baixas (66) 82 E8
Balanzac (17) 50 D6
Balaruc-le-Vieux (34) 83 J2
Balaruc-les-Bains (34) 83 J2
Balazuc (07) 74 B1
Baldenheim (67) 27 H8
Balesmes-sur-Marne (52) 37 H4
Balignicourt (10) 24 D6
Ballan-Miré (37) 43 F1
Ballancourt-sur-Essonne (91) 22 D7
Balleray (58) 45 J3
Balleroy (14) 7 G6
Ballersdorf (68) 39 G5
Ballon (72) 32 B2
Balma (31) 81 H1
la Balme (73) 57 G6
la Balme-de-Sillingy (74) 57 J4
Baltzenheim (68) 39 J2
Balzac (16) 51 J6
Bambecque (59) 3 F2
Banassac (48) 72 E2
Banca (64) 78 C4
Bancigny (02) 11 K4
Bandol (83) 86 C6
Baneuil (24) 62 B6
Bannalec (29) 28 C1
Bannans (25) 48 D4
Banne (07) 73 K2
Bannegon (18) 45 F5
Banneville-sur-Ajon (14) 7 H7
Bannost-Villegagnon (77) 23 G5
Banon (04) 75 H5
Bansat (63) 64 E1
Banyuls-sur-Mer (66) 89 H6
Bapaume (62) 10 E1
Bar (19) 63 G2
Bar-le-Duc (55) 25 G4
Bar-sur-Aube (10) 36 E1
le Bar-sur-Loup (06) 76 E7
Bar-sur-Seine (10) 36 C2
Baraigne (11) 81 K3
Baraqueville (12) 72 A3
Barbaste (47) 69 K4
Barbazan (31) 80 C6
la Barben (13) 75 F8
Barbentane (13) 74 D6
Barberey-Saint-Sulpice (10) 24 B8
Barberier (03) 54 E3
Barbery (14) 7 J7
Barbezieux-Saint-Hilaire (16) 61 G1
Barbizon (77) 22 E7
Barbonne-Fayel (51) 23 K5
le Barboux (25) 49 F2
le Barcarès (66) 83 F8
Barcelonnette (04) 76 C2
Barcillonnette (05) 75 J1
Barcy (77) 23 F3
Bard (42) 55 J8
Bard-le-Régulier (21) 46 D2
Bardou (24) 62 B7
Barèges (65) 79 K7
Barentin (76) 9 F6
Barenton (50) 19 G3
Barenton-Bugny (02) 11 H5
Barésia-sur-l'Ain (39) 48 A7
Barfleur (50) 6 E2
Bargème (83) 76 C7
Bargemon (83) 76 C8
les Barils (27) 20 E5
Barizey (71) 47 F5
Barjac (30) 74 A3
Barjac (48) 73 F1
Barjols (83) 86 D3
Barlin (62) 3 F6
Barly (62) 3 F8
Barneville-Carteret (50) 6 C4
Barneville-la-Bertran (14) 8 B7
Baron (33) 61 F6
Baron (60) 22 E1
Baron-sur-Odon (14) 7 J6
Barr (67) 27 H7
Barran (32) 80 C1
la Barre-de-Monts (85) 40 B4
Barre-des-Cévennes (48) 73 H3
Barrême (04) 76 B5
Barret (16) 51 G8
le Barroux (84) 74 E4
Barsac (33) 61 F8
la Barthe-de-Neste (65) 80 B5
Bartrès (65) 79 K5
Barzy-sur-Marne (02) 23 J2
Bas-en-Basset (43) 65 J2
Bascons (40) 69 F7
Baslieux (54) 13 H6
Bassac (16) 51 H7
Basse-Goulaine (44) 30 D6
Basse-sur-le-Rupt (88) 38 E3
la Bassée (59) 3 G5
Bassens (33) 60 E5
Bassignac (15) 63 K2
Bassignac-le-Haut (19) 63 J3
Bassoues (32) 80 B1
Bastelica (2A) 91 H4
Bastia (2B) 90 C2
la Bastide (83) 76 C7
la Bastide-Clairence (64) 78 D2
la Bastide-de-Sérou (09) 81 H6
la Bastide-des-Jourdans (84) 75 H7
la Bastide-Puylaurent (48) 65 H8
Bathernay (26) 66 D3
la Bâtie-Neuve (05) 67 K8
Batz-sur-Mer (44) 29 H7
Baud (56) 29 F2
Baudrecourt (57) 14 B6
Bauduen (83) 76 A7
Baugé (49) 31 K4
Baugy (18) 45 F3
Baugy (71) 55 H2
la Baule-Escoublac (44) 29 J7
Baulne-en-Brie (02) 23 J3
la Baume-de-Transit (26) 74 D2
Baume-les-Dames (25) 38 C8
Baume-les-Messieurs (39) 48 A6
Bauvin (59) 3 G6
les Baux-de-Provence (13) 74 D7
Bauzy (41) 33 H7
Bavay (59) 4 B7
Bay-sur-Aube (52) 37 G4
Baye (51) 23 K4
Bayel (10) 36 E1
Bayers (16) 51 J5
Bayet (03) 54 E2
Bayeux (14) 7 H5
Bayon (54) 26 C6
Bayon-sur-Gironde (33) 60 E4
Bayonne (64) 78 B1
Bayons (04) 76 A2
Bazancourt (51) 12 A7
Bazas (33) 69 H2
Bazeilles (08) 12 E5
Bazens (47) 70 A3
Bazenville (14) 7 H5
Bazincourt-sur-Saulx (55) 25 G5
la Bazoche-Gouet (28) 33 F2
Bazoches (58) 36 A8
Bazoches-sur-Guyonne (78) 21 K5
Bazoches-sur-Hoëne (61) 20 C6
Bazoches-sur-Vesles (02) 11 H8
Bazoges-en-Pareds (85) 41 H6
Bazougers (53) 19 H8
Bazouges-sur-le-Loir (72) 31 K3
Béalcourt (80) 2 D8
Béard (58) 45 J5
Beaucaire (30) 74 C7
Beaucamps-le-Jeune (80) 9 J4
Beaucens (65) 79 K6
le Beaucet (84) 74 E5
Beauchalot (31) 80 E5
Beauchamp (95) 22 C3
Beauchastel (07) 66 C6
Beauchery-Saint-Martin (77) 23 H6
Beaucourt (90) 39 F7
Beaudéan (65) 80 A6
Beauficel-en-Lyons (27) 9 H7
Beaufort (39) 47 K7
Beaufort (73) 58 B6
Beaufort-en-Argonne (55) 12 E6
Beaufort-en-Vallée (49) 31 J5
Beaugency (45) 33 J5
Beaujeu (69) 56 B3
Beaujeu-Saint-Vallier-Pierrejux-et-Quitteur (70) 37 K7
Beaulieu (07) 74 A2
Beaulieu (43) 65 H4
Beaulieu-en-Argonne (55) 25 F2
Beaulieu-lès-Loches (37) 43 H3
Beaulieu-sous-la-Roche (85) 40 E6
Beaulieu-sous-Parthenay (79) 42 B7
Beaulieu-sur-Dordogne (19) 63 G5
Beaulieu-sur-Layon (49) 31 H6
Beaulieu-sur-Loire (45) 35 F7
Beaulieu-sur-Mer (06) 77 G7
Beaulon (03) 46 A7
Beaumais (14) 20 A3
Beaumarchés (32) 80 A1
Beaumes-de-Venise (84) 74 E4
Beaumesnil (27) 20 D3
Beaumetz-lès-Loges (62) 3 F8
Beaumont (43) 64 E2
Beaumont (63) 54 D6
Beaumont (86) 42 E6
Beaumont-de-Lomagne (82) 70 D6
Beaumont-du-Gâtinais (77) 34 D2
Beaumont-du-Périgord (24) 62 B7
Beaumont-en-Argonne (08) 12 E6
Beaumont-en-Auge (14) 8 B8
Beaumont-Hague (50) 6 C1
Beaumont-Hamel (80) 10 D1
Beaumont-le-Roger (27) 20 E2
Beaumont-lès-Valence (26) 66 D6
Beaumont-Pied-de-Bœuf (72) 32 C5
Beaumont-sur-Oise (95) 22 C2
Beaumont-sur-Sarthe (72) 32 B1
Beaumont-sur-Vingeanne (21) 37 H7
Beaumontel (27) 20 E2
Beaunay (51) 24 A4
Beaune (21) 47 G3
Beaune-la-Rolande (45) 34 D3
Beaupréau (49) 31 F7
Beauquesne (80) 10 C1
Beaurainville (62) 2 C6
Beaurecueil (13) 85 K5
Beauregard (01) 56 B4
Beauregard (46) 71 H3
Beauregard-de-Terrasson (24) 62 E4
Beaurepaire (38) 66 D2
Beaurepaire (60) 10 C8
Beaurepaire-en-Bresse (71) 47 J6
Beaurevoir (02) 11 G2
Beaurieux (02) 11 J7
Beausemblant (26) 66 C3
Beausite (55) 25 G3
Beausoleil (06) 77 G7
Beaussais (79) 51 H2
le Beausset (83) 86 C6
Beauvais (60) 10 A7
Beauvais-sur-Matha (17) 51 G5
Beauvau (49) 31 J4
Beauvezer (04) 76 C4
Beauville (47) 70 C3
Beauvilliers (28) 33 J1
Beauvoir (50) 18 D3
Beauvoir-de-Marc (38) 56 D8
Beauvoir-en-Royans (38) 66 E4
Beauvoir-sur-Mer (85) 40 C4
Beauvoir-sur-Niort (79) 51 F3
Beauzac (43) 65 J3
Beauzelle (31) 71 F8
Beblenheim (68) 39 G1
le Bec-Hellouin (27) 20 E1
Béceleuf (79) 41 K8
Bécherel (35) 18 B5
Bécon-les-Granits (49) 31 G4
Becquigny (80) 10 D5
Bédarieux (34) 83 G1
Bédarrides (84) 74 D5
Bédoin (84) 75 F4
Bedous (64) 79 G6
Bégadan (33) 60 D2
Bégard (22) 16 E3
Bègles (33) 60 E6
la Bégude-de-Mazenc (26) 74 D1
Béhen (80) 9 J2
Behren-lès-Forbach (57) 14 D4
Béhuard (49) 31 G5
Beine-Nauroy (51) 12 A8
Beire-le-Châtel (21) 37 G8
Bélâbre (36) 43 H7
Bélaye (46) 70 E2
Belbeuf (76) 9 F7
Belcaire (11) 81 K7
Belcastel (12) 72 A2
Bélesta (09) 81 K7
Bélesta (66) 82 D8
Belfahy (70) 38 E4
Belfort (90) 38 E5
Belgentier (83) 86 D6
Belgodère (2B) 90 D5
Belhade (40) 68 E2
le Bélieu (25) 49 F2
Belin-Béliet (33) 68 E1
Bellac (87) 52 D3
le Bellay-en-Vexin (95) 21 K1
Belle-Isle-en-Terre (22) 16 E4
Bellecombe-en-Bauges (73) 57 J6
Bellefontaine (39) 48 C7
Bellefontaine (50) 19 F2
Bellegarde (30) 74 B7
Bellegarde (32) 80 C2
Bellegarde (45) 34 D3
Bellegarde-en-Forez (42) 55 K7
Bellegarde-en-Marche (23) 53 K4
Bellegarde-sur-Valserine (01) 57 H3
Bellême (61) 20 D8
Bellenaves (03) 54 D3
Bellencombre (76) 9 G5
Bellerive-sur-Allier (03) 54 E3
Belleu (02) 11 G7
Bellevaux (74) 58 A2
Belleville (69) 56 B3
Belleville-sur-Loire (18) 35 F7
Belleville-sur-Vie (85) 41 F5
Belley (01) 57 G6
Belleydoux (01) 57 G2
Bellicourt (02) 11 F2
Bellignies (59) 4 B7
Belloc-Saint-Clamens (32) 80 B2
Bellocq (64) 78 E1
Bellot (77) 23 H4
Belloy-en-France (95) 22 D2
Belloy-sur-Somme (80) 10 A2
Belluire (17) 50 E8
Belmont (25) 48 D1
Belmont (67) 27 G7
Belmont-de-la-Loire (42) 55 K3
Belmont-sur-Rance (12) 72 C7
Belpech (11) 81 J4
Belvès (24) 62 C7
Belvès-de-Castillon (33) 61 H6
Belvoir (25) 38 D8
Belz (56) 28 E3
Benais (37) 42 D1
Benerville-sur-Mer (14) 8 A7
Benest (16) 52 A4
Benet (85) 50 E1
Bénévent-l'Abbaye (23) 53 G3
Benfeld (67) 27 J7
Bengy-sur-Craon (18) 45 F4
la Bénisson-Dieu (42) 55 J3
Bennecourt (78) 21 H2
Bénodet (29) 28 A1
Bénouville (14) 7 K5
Benque-Dessous-et-Dessus (31) 80 C7
le Bény-Bocage (14) 7 G8
Bény-sur-Mer (14) 7 J5
Béost (64) 79 H6
Berbiguières (24) 62 D6
Bercenay-le-Hayer (10) 23 J8
Berck (62) 2 B6
Berg (67) 14 E6
Bergerac (24) 62 A6
Bergères-lès-Vertus (51) 24 B4
Bergères-sous-Montmirail (51) 23 J4
Bergesserin (71) 56 A1
Bergheim (68) 27 H8
Bergues (59) 2 E2
Berlaimont (59) 4 B8
la Berlière (08) 12 D6
Berlise (02) 11 K5
Bernardvillé (67) 27 H7
Bernaville (80) 10 A1
Bernay (27) 20 D2
Bernay (72) 32 A2
Bernay-en-Ponthieu (80) 2 B8
Bernay-Vilbert (77) 23 F5
Bernède (32) 69 G8
la Bernerie-en-Retz (44) 30 A7
Berneuil (16) 61 H1
Berneuil (17) 50 E7
Berneuil (80) 10 B1
Berneuil-en-Bray (60) 10 A7
Berneuil-sur-Aisne (60) 10 E7
Berneval-le-Grand (76) 9 G2
Bernex (74) 49 F8
Bernières-sur-Mer (14) 7 J5
Bernouil (89) 36 A4
Berrac (32) 70 B5
Berre-les-Alpes (06) 77 G6
Berre-l'Étang (13) 85 H6
Berrias-et-Casteljau (07) 73 K2
Berrie (86) 31 K8
Berrien (29) 16 C5
Berru (51) 12 A8
Berry-au-Bac (02) 11 J7
Bersac-sur-Rivalier (87) 53 F4
Berson (33) 60 E4
Bertangles (80) 10 B2
Berteaucourt-les-Dames (80) 10 A2
la Berthenoux (36) 44 C7
Bertincourt (62) 10 E1
Béruges (86) 42 D7
Bérulle (10) 35 K2
Berville (95) 22 B1
Berzé-la-Ville (71) 56 B1
Berzé-le-Châtel (71) 56 B1
Berzy-le-Sec (02) 11 G8
Besançon (25) 48 C1
Bessamorel (43) 65 J4
Bessancourt (95) 22 C2
Bessans (73) 59 J1
le Bessat (42) 66 A2
Bessay (85) 41 G7
Bessay-sur-Allier (03) 45 J8
Besse (24) 62 D7
Besse (38) 67 K4
Besse-et-Saint-Anastaise (63) 54 C8
Bessé-sur-Braye (72) 32 D5
Besse-sur-Issole (83) 86 E5
Bessèges (30) 73 K3
Bessines-sur-Gartempe (87) 52 E3
Besson (03) 45 J8
Bessuéjouls (12) 72 C1
Bétheny (51) 11 K8
Béthines (86) 43 G7
Béthisy-Saint-Martin (60) 10 D8
Béthisy-Saint-Pierre (60) 10 D8
Bethon (51) 23 J6
Bethoncourt (25) 38 E6
Béthonsart (62) 3 F7
Béthune (62) 3 F5
Beton-Bazoches (77) 23 H5
Betplan (32) 80 A2
Betschdorf (67) 15 J6
Betton (35) 18 C6
Betz (60) 23 F1
Beugneux (02) 23 H1
Beuil (06) 76 E4
Beure (25) 48 B2
Beurières (63) 65 G1
Beurlay (17) 50 D5
Beuvrages (59) 3 K7
Beuvrigny (50) 7 F7
Beuvron-en-Auge (14) 20 A1
Beuvry (62) 3 F6
Beuzec-Cap-Sizun (29) 5 J6
Beuzeville (27) 8 C7
Bey (71) 47 G5
Beynac-et-Cazenac (24) 62 D6
Beynat (19) 63 G4
Beynes (78) 21 K4
Bezannes (51) 24 A1
Bèze (21) 37 H7
Béziers (34) 83 G3
Bezons (95) 22 C3
Bézouotte (21) 37 H8
Bézu-Saint-Éloi (27) 9 J8
Bians-les-Usiers (25) 48 D4
Biarne (39) 47 K2
Biarritz (64) 78 B1
Bidache (64) 78 D2
Bidarray (64) 78 C3
Bidart (64) 78 B2
Bidestroff (57) 14 C7
Bidon (07) 74 B2
Bief-des-Maisons (39) 48 C6
Bief-du-Fourg (39) 48 C5
Bielle (64) 79 H5
Bierné (53) 31 H2
Bierre-lès-Semur (21) 36 C8
Biesheim (68) 39 J2
Bieuzy (56) 29 F1
Biéville-Beuville (14) 7 J5
Bièvres (91) 22 C5
Biganos (33) 60 C7
Bignan (56) 29 G2
Bignay (17) 50 E5
le Bignon-Mirabeau (45) 35 F2
Biguglia (2B) 90 D2
Bihorel (76) 9 F7
Bilhères (64) 79 H5
Billère (64) 79 H3
Billième (73) 57 H6
Billiers (56) 29 H5
Billom (63) 54 E7
Billy (03) 55 F2
Billy (41) 43 K1
Billy-Chevannes (58) 45 K4
Billy-Montigny (62) 3 G6
Billy-sur-Ourcq (02) 23 H1
Binic (22) 17 G4
Biollet (63) 54 B4
Biot (06) 77 F8
le Biot (74) 58 B2
Biozat (03) 54 E4
Birac (33) 69 H2
Biran (32) 70 A8
Biriatou (64) 78 A3
Birkenwald (67) 15 F8
Biron (17) 51 F8
Biron (24) 62 C8
Biron (64) 79 F2
Biscarrosse (40) 68 C2
Bischheim (67) 15 H8
Bischwiller (67) 15 H7
Bisseuil (51) 24 B2
Bissy-la-Mâconnaise (71) 47 G8
Bissy-sur-Fley (71) 47 F6
Bitche (57) 15 F5
Bitry (60) 11 F7
Biville (50) 6 C2
Bizeneuille (03) 54 B1
le Bizot (25) 49 F2
Blaesheim (67) 27 J6
Blagnac (31) 81 G1
Blaignac (33) 61 H8
Blain (44) 30 B4
Blainville-Crevon (76) 9 G6
Blaison-Gohier (49) 31 J5
Blâmont (54) 26 E5
le Blanc (36) 43 H7
le Blanc-Mesnil (93) 22 D3
Blancafort (18) 34 D7
Blandy (77) 23 F6
Blangy-le-Château (14) 8 B8
Blangy-sous-Poix (80) 10 A4
Blangy-sur-Bresle (76) 9 J3
Blanot (71) 47 F8
Blanquefort (33) 60 E5
Blanzac-Porcheresse (16) 61 H1
Blanzaguet-Saint-Cybard (16) 61 K1
Blanzay (86) 51 K3
Blanzy (71) 46 E6
Blanzy-lès-Fismes (02) 11 H7
Blasimon (33) 61 H7
Blassac (43) 65 F3
Blaye (33) 60 E3
Blécourt (52) 25 G7
Blendecques (62) 2 E4
Bléneau (89) 35 F6
Blénod-lès-Toul (54) 25 K6
Blérancourt (02) 11 F6
Bléré (37) 43 H1
Blesle (43) 64 D2
Blesme (51) 24 E5
Blet (18) 45 F5
Bletterans (39) 47 K5
Bleurville (88) 38 A2
Bleury (28) 21 J7
le Bleymard (48) 73 H1
Blienschwiller (67) 27 H7
Bligny-sur-Ouche (21) 47 F3
Blois (41) 33 G7
Blond (87) 52 D4
Blondefontaine (70) 38 A4
Blonville-sur-Mer (14) 8 A7
Blosseville (76) 8 E3
Blou (49) 31 K5
Bobigny (93) 22 D3
Bocé (49) 31 K4
Bocognano (2A) 91 H4
Bodilis (29) 16 A4
Boëge (74) 57 K2
Boën (42) 55 H6
Bœrsch (67) 27 H6
Boësses (45) 34 D2
Boffres (07) 66 B5
Bogny-sur-Meuse (08) 12 D3
Bohain-en-Vermandois (02) 11 G2
Boigneville (91) 22 D8
Bois (17) 50 E8
Bois-Colombes (92) 22 C3
Bois-d'Amont (39) 48 C7
Bois-d'Arcy (78) 22 B4
le Bois-d'Oingt (69) 56 B5
Bois-Guillaume (76) 9 F7
Bois-Héroult (76) 9 H6
Bois-le-Roi (77) 22 E7
Bois-Normand-près-Lyre (27) 20 D3
le Bois-Plage-en-Ré (17) 50 B2
Bois-Sainte-Marie (71) 55 K1
Boiscommun (45) 34 D3
le Boisle (80) 2 C8
Boismont (80) 9 J1
Boisney (27) 20 D1
Boisseron (34) 73 K7
Boisset (15) 63 K7
Boisset-les-Prévanches (27) 21 G3
la Boissière (53) 31 F2
la Boissière-École (78) 21 J5
Boissy-aux-Cailles (77) 22 D8
Boissy-Saint-Léger (94) 22 D5
Bolbec (76) 8 C6
Bollène (84) 74 C3
la Bollène-Vésubie (06) 77 G5
Bollezeele (59) 2 E3
Bolquère (66) 88 C6
Bombon (77) 23 F6
Bommiers (36) 44 C5
Bompas (09) 81 H7
Bompas (66) 83 F8
Bomy (62) 2 D5
Bon-Encontre (47) 70 B4
Bonas (32) 70 A7
Bonchamp-lès-Laval (53) 19 G7
Bondoufle (91) 22 D6
Bondues (59) 3 H4
Bondy (93) 22 D3
Bongheat (63) 55 F6
le Bonhomme (68) 39 F1
Bonifacio (2A) 92 D3
Bonlieu (39) 48 B7
Bonnat (23) 53 H2
Bonne (74) 57 K2
Bonnefamille (38) 56 D7
Bonneil (02) 23 H3
Bonnes (86) 43 F7
Bonnesvalyn (02) 23 H2
Bonnet (55) 25 H6
Bonnétable (72) 32 C2
Bonneuil (16) 51 G8
Bonneuil-en-Valois (60) 10 E8
Bonneuil-Matours (86) 43 F6
Bonneuil-sur-Marne (94) 22 D5
Bonneval (28) 33 G2
Bonneval-sur-Arc (73) 59 K1
Bonneveau (41) 32 D5
Bonneville (74) 58 A3
Bonnières-sur-Seine (78) 21 H2
Bonnieux (84) 75 F6
Bonny-sur-Loire (45) 35 F7
Bons-en-Chablais (74) 57 K2
Bonsecours (76) 9 F7
Bonson (06) 77 F6
Bonson (42) 55 K8
Boos (76) 9 G7
Boqueho (22) 17 G5
Boran-sur-Oise (60) 22 D1
Bordeaux (33) 60 E6
Bordères-Louron (65) 80 B7
Bordères-sur-l'Échez (65) 79 K4
les Bordes-sur-Lez (09) 80 E7
Bords (17) 50 D5
Borée (07) 65 K6
Borgo (2B) 90 D2
Bormes-les-Mimosas (83) 87 F6
Borne (07) 65 J8
Bors(Canton de Baignes-Sainte-Radegonde) (16) 61 G2
Bort-les-Orgues (19) 64 A2
Bosc-Bénard-Commin (27) 8 E8
Bosc-Bordel (76) 9 H5
Bosmont-sur-Serre (02) 11 J4
Bosquentin (27) 9 H7
Bossancourt (10) 36 D1
Bossay-sur-Claise (37) 43 G5
Bossée (37) 43 F3
Bostens (40) 69 G5
Botans (90) 38 E6
Bou (45) 34 B4
Bouaye (44) 30 B7
Boubiers (60) 21 K1
Bouc-Bel-Air (13) 85 K6
Boucau (64) 78 B1
Bouchain (59) 3 J7
Bouchemaine (49) 31 H5
Bouchet (26) 74 D3
Bouchevilliers (27) 9 J7
Bouchon (80) 10 A2
les Bouchoux (39) 57 G1
Boucieu-le-Roi (07) 66 B4
Bouconville-sur-Madt (55) 25 J4
Bouconvillers (60) 21 K1
Boudes (63) 64 D1
Boudou (82) 70 D5
Bouër (72) 32 D2
Bouëx (16) 51 K7
Bouffémont (95) 22 C2
Bougarber (64) 79 H2
Bouges-le-Château (36) 44 A3
Bougey (70) 38 A5
Bougival (78) 22 C4
Bouglon (47) 69 J2
Bougneau (17) 51 F7
Bouguenais (44) 30 C7
Bougy (14) 7 H6
Bouhet (17) 50 D3
Bouillac (82) 70 D7
la Bouilladisse (13) 86 B4
Bouillargues (30) 74 B7
la Bouille (76) 8 E7
Bouilly (10) 36 B2
Boulaur (32) 80 D1
Boulay-Moselle (57) 14 B4
Boulazac (24) 62 B3
Boulbon (13) 74 C6
Boule-d'Amont (66) 89 F6
Bouleternère (66) 88 E5
Bouliac (33) 61 F6
Boulieu-lès-Annonay (07) 66 B2
Bouligneux (01) 56 D4
Boulogne-Billancourt (92) 22 C4
Boulogne-sur-Gesse (31) 80 D3
Boulogne-sur-Mer (62) 2 B4
Bouloire (72) 32 D3
Boulon (14) 7 J7
le Boulou (66) 89 G6
Boult-sur-Suippe (51) 12 A7
le Boupère (85) 41 H5
Bouquetot (27) 8 E7
Bourbon-Lancy (71) 46 B7
Bourbon-l'Archambault (03) 45 H7
Bourbonne-les-Bains (52) 37 K3
la Bourboule (63) 54 B8
Bourbourg (59) 2 D2
Bourbriac (22) 17 F4
Bourcefranc-le-Chapus (17) 50 C5
Bourcq (08) 12 C7
Bourdeau (73) 57 H6
Bourdeaux (26) 66 E8
Bourdeilles (24) 62 A2
Bourdenay (10) 23 J8
Bourdon (80) 10 A2
Bourdonné (78) 21 J5
Bouresse (86) 52 B1
Bourg (33) 60 E4
le Bourg (46) 63 H7
Bourg-Achard (27) 8 E7
Bourg-Archambault (86) 52 D1
Bourg-Argental (42) 66 B2
Bourg-Blanc (29) 5 J2
Bourg-Charente (16) 51 G7
Bourg-de-Péage (26) 66 D4
Bourg-de-Sirod (39) 48 B6
Bourg-de-Visa (82) 70 D3
Bourg-des-Maisons (24) 61 K2
le Bourg-d'Hem (23) 53 H2
le Bourg-d'Oisans (38) 67 J4
Bourg-d'Oueil (31) 80 C7
Bourg-du-Bost (24) 61 J2
le Bourg-Dun (76) 8 E3
Bourg-en-Bresse (01) 56 E2
Bourg-et-Comin (02) 11 H7
Bourg-la-Reine (92) 22 C5
Bourg-Lastic (63) 54 A7
Bourg-lès-Valence (26) 66 C5
Bourg-Saint-Andéol (07) 74 C2
le Bourg-Saint-Léonard (61) 20 B4
Bourg-Saint-Maurice (73) 58 C7
Bourganeuf (23) 53 G5
Bourges (18) 44 E3
le Bourget (93) 22 D3
le Bourget-du-Lac (73) 57 H7
Bourget-en-Huile (73) 57 K8
Bourgneuf-en-Retz (44) 30 A8
Bourgogne (51) 11 K7
Bourgoin-Jallieu (38) 56 E7
Bourgtheroulde-Infreville (27) 8 E8
Bourguébus (14) 7 J6
Bourgueil (37) 42 D1
Bourguignon-lès-Conflans (70) 38 B4
Bourisp (65) 80 B7
Bourmont (52) 37 J1
Bournan (37) 43 F3
Bournand (86) 42 C3
Bournazel (12) 72 A2
Bourneau (85) 41 J7
Bourneville (27) 8 D7
Bournoncle-Saint-Pierre (43) 64 E2
Bourogne (90) 39 F6
Bourré (41) 43 J1
Bourron-Marlotte (77) 22 E8
Bours (62) 2 E6
Boursay (41) 32 E3
Boury-en-Vexin (60) 21 J1
le Bouscat (33) 60 E6
Bousies (59) 11 H1
Boussac (12) 72 A3
Boussac (23) 53 J1
Boussac-Bourg (23) 53 J1
Boussay (37) 43 G5
Boussay (44) 30 E8
Boussières (25) 48 B2
Boussy-Saint-Antoine (91) 22 D5
Boust (57) 13 K6
la Bouteille (02) 11 K3
Boutenac (11) 82 E5
Boutencourt (60) 9 K8
Bouteville (16) 51 H7
Boutigny-sur-Essonne (91) 22 D7
Bouttencourt (80) 9 J3
Boutx (31) 80 D6
Bouvines (59) 3 J5
Bouxwiller (67) 15 G7
Bouxwiller (68) 39 H6
Bouy-Luxembourg (10) 24 C8
le Bouyssou (46) 63 H7
Bouzemont (88) 26 B8
Bouzigues (34) 83 J2
Bouzonville (57) 14 B3
Bouzy (51) 24 B2
Bovelles (80) 10 A3
Boves (80) 10 B3
Boynes (45) 34 D2
Bozel (73) 58 B8
Bozouls (12) 72 C2
Bracieux (41) 33 H7
Bracquemont (76) 9 G3
Brageac (15) 63 K3
Brailly-Cornehotte (80) 2 C8
Brain (21) 36 D7
Brain-sur-Allonnes (49) 42 C1
Braine (02) 11 H7
Braize (03) 45 F7
Bram (11) 82 A4
Bramans (73) 59 H2
Brandivy (56) 29 F3
Brando (2B) 90 C2
Brangues (38) 57 F6
Branne (33) 61 G6
Bransat (03) 54 E2
Brantes (84) 75 F3
Brantôme (24) 62 B2
Brasparts (29) 16 B6
Brassac (81) 82 C1
Brassac (82) 70 D4
Brassac-les-Mines (63) 64 E1
Brassempouy (40) 68 E8
Braux-Sainte-Cohière (51) 24 E2
Brax (31) 81 G1
Bray-Dunes (59) 3 F1
Bray-sur-Seine (77) 23 H7
Bray-sur-Somme (80) 10 D3
Brazey-en-Plaine (21) 47 H2
Bréançon (95) 22 B2
Brebotte (90) 39 F6
Brecé (53) 19 G4
Brécey (50) 18 E2
Brech (56) 29 F3
Brécy (02) 23 J1
la Brède (33) 60 E7
Bréhal (50) 6 D8
Breil (49) 32 B7
le Breil-sur-Mérize (72) 32 C3
Breil-sur-Roya (06) 77 H5
la Breille-les-Pins (49) 42 C1
Breitenbach-Haut-Rhin (68) 39 F2
Brélidy (22) 17 F3
Brem-sur-Mer (85) 40 D6
Brémur-et-Vaurois (21) 36 E5
Brenat (63) 54 E8
Brenelle (02) 11 H7
Brennilis (29) 16 B5
Brénod (01) 57 G3
Breny (02) 23 H1
les Bréseux (25) 49 F1
Bresles (60) 10 B7
la Bresse (88) 38 E2
Bresse-sur-Grosne (71) 47 F7
Bressey-sur-Tille (21) 47 H1
Bressuire (79) 41 K5
Brest (29) 5 J3
Bretagnolles (27) 21 G3
Bretenoux (46) 63 G6
Breteuil (27) 20 E4
Breteuil (60) 10 B5
le Brethon (03) 45 F7
Bretignolles-sur-Mer (85) 40 D6
Brétigny (60) 11 F6
Brétigny-sur-Orge (91) 22 C6
la Bretonnière la Claye (85) 41 F8
Bretteville-Saint-Laurent (76) 8 E4
Bretteville-sur-Laize (14) 7 J7
Breuil (51) 11 J8
le Breuil-en-Auge (14) 20 B1
Breuil-la-Réorte (17) 50 E3
Breuil-le-Vert (60) 10 C7
Breuillet (17) 50 C6
Breuillet (91) 22 C6
Breuvannes-en-Bassigny (52) 37 J2
Brévands (50) 6 E4
les Bréviaires (78) 21 J5
Brézé (49) 31 K7
Brezolles (28) 21 F5
Briançon (05) 59 H5
Briare (45) 34 E6
Bricquebec (50) 6 D3
Bricqueville (14) 7 F5
Brides-les-Bains (73) 58 B8
Bridoré (37) 43 H3
Brie (16) 51 J6
Brie-Comte-Robert (77) 22 E5
Brie-sous-Matha (17) 51 G6
Briec (29) 16 B7
Brienne-la-Vieille (10) 24 D8
Brienne-le-Château (10) 24 D7
Brienon-sur-Armançon (89) 35 J3
Brieulles-sur-Bar (08) 12 D6
Brieulles-sur-Meuse (55) 13 F7
Briey (54) 13 J8
Briffons (63) 54 B7
Brignac (56) 17 J8
Brignais (69) 56 B7
Brignancourt (95) 21 K2
Brignogan-Plage (29) 5 K1
Brignoles (83) 86 D4
le Brignon (43) 65 H5
la Brigue (06) 77 H4
Brigueil (16) 52 C5
Brillevast (50) 6 E2
Brimeux (62) 2 C6
Brinay (18) 44 C2
Brinon-sur-Beuvron (58) 45 K1
Brinon-sur-Sauldre (18) 34 C7
Brion (36) 44 A4
Brion (49) 31 K5
Brionne (27) 20 D1
Briord (01) 57 F6
Brioude (43) 64 E2
Brioux-sur-Boutonne (79) 51 G3
Briouze (61) 19 J2
Brissac (34) 73 H6
Brissac-Quincé (49) 31 H5
Brissarthe (49) 31 H3
Brive-la-Gaillarde (19) 63 F4
Brives-Charensac (43) 65 H4
Brivezac (19) 63 H5
Brizon (74) 58 A3
Broc (49) 32 B6
le Broc (63) 64 E1
Broglie (27) 20 D3
Broindon (21) 47 H2
Bromeilles (45) 34 D2
Brommat (12) 64 B6
Bron (69) 56 C6
Broons (22) 17 K6
Broquiès (12) 72 C5
Brossac (16) 61 H2
Brou (28) 33 F1
Brouains (50) 19 F2
Broualan (35) 18 C4
Brouckerque (59) 2 E2
Brouilla (66) 89 G6
Brouqueyran (33) 69 H1
Brousse-le-Château (12) 72 B5
Brousses-et-Villaret (11) 82 B3
Broussy-le-Grand (51) 24 A4
Brouvelieures (88) 26 E8
Bruay-la-Buissière (62) 3 F6
Bruay-sur-l'Escaut (59) 3 K6
Bruch (47) 70 A4
Brucheville (50) 6 E4
Bruère-Allichamps (18) 44 E6
la Bruère-sur-Loir (72) 32 C6
le Brugeron (63) 55 G7
Bruges (33) 60 E5
Bruley (54) 25 K5
Brûlon (72) 19 K8
Brumath (67) 15 H7
Brumetz (02) 23 G2
Brunembert (62) 2 C4
Brunémont (59) 3 H8
Bruniquel (82) 71 G5
Brunoy (91) 22 D5
Brunstatt (68) 39 H5
Brunvillers-la-Motte (60) 10 C6

101

Corsavy - Gennevilliers

102

Corsavy (66) 88 E7
Corseul (22) 17 K5
Corte (2B) 91 F4
Cortrat (45) 34 E4
Cosnac (19) 63 F4
Cosne-Cours-sur-Loire (58) 35 F8
Cossé-en-Champagne (53) 19 J8
Cossé-le-Vivien (53) 19 F8
la Côte-Saint-André (38) 66 E1
le Coteau (42) 55 J4
Cotignac (83) 86 E3
Cottenchy (80) 10 B4
la Couarde-sur-Mer (17) 50 A2
Coubisou (12) 72 C1
Coubon (43) 65 H5
Couches (71) 46 E5
Coucouron (07) 65 H6
Coucy-la-Ville (02) 11 G6
Coucy-le-Château-Auffrique (02) 11 G6
Couddes (41) 43 K1
Coudekerque-Branche (59) 2 E1
le Coudray-Saint-Germer (60) 9 K7
Coudun (60) 10 D7
Couëron (44) 30 B6
Couffy (41) 43 K2
Couflens (09) 81 F8
Couhé (86) 51 J2
Couilly-Pont-aux-Dames (77) 23 F4
Couin (62) 10 C1
Couiza (11) 82 B6
Coulaines (72) 32 B3
Coulandon (03) 45 J7
Coulanges-la-Vineuse (89) 35 J6
Coulanges-sur-Yonne (89) 35 J7
Coulans-sur-Gée (72) 32 A3
Couleuvre (03) 45 G6
Coulgens (16) 51 K6
Coulmier-le-Sec (21) 36 D5
Coulogne (62) 2 C2
Couloisy (60) 10 E7
Coulombiers (86) 42 D8
Coulombs-en-Valois (77) 23 G2
Coulommes-la-Montagne (51) 24 A1
Coulommiers (77) 23 G4
Coulon (79) 51 F1
Coulongé (72) 32 B6
Coulonges (17) 51 F7
Coulonges-Cohan (02) 23 J1
Coulonges-sur-l'Autize (79) 41 K8
Coulounieix-Chamiers (24) 62 B3
Coupéville (51) 24 D3
Coupiac (12) 72 B6
Couptrain (53) 19 J4
Coupvray (77) 23 F4
Cour-Cheverny (41) 33 H7
Cour-sur-Loire (41) 33 H6
Courances (91) 22 D7
Courbevoie (92) 22 C4
Courboin (02) 23 J3
Courcelles-lès-Lens (62) 3 H6
Courcelles-lès-Montbard (21) 36 D6
Courcelles-sous-Moyencourt (80) 10 A4
Courcelles-sur-Vesles (02) 11 H8
Courcelles-sur-Viosne (95) 22 B2
Courcôme (16) 51 J4
Courçon (17) 50 D2
Courcouronnes (91) 22 D6
Courcy (14) 20 A3
Courdemanche (72) 32 D5
Courdimanche (95) 22 B2
Courgenard (72) 32 D2
Courgeon (61) 20 D7
Courlon-sur-Yonne (89) 23 G8
Courmelles (02) 11 G7
Courménil (61) 20 B4
la Courneuve (93) 22 D3
Courniou (34) 82 D2
Cournon-d'Auvergne (63) 54 E6
Cournonterral (34) 83 K1
la Couronne (16) 51 J7
Courpiac (33) 61 G7
Courpière (63) 55 F6
Courquetaine (77) 22 E5
Courrières (62) 3 H6
Cours (79) 42 A8
Coursan (11) 83 F4
Coursegoules (06) 76 E6
Courseulles-sur-Mer (14) 7 J5
Courson (14) 7 F8
Courson-les-Carrières (89) 35 J6
Courtalain (28) 33 F3
Courtefontaine (39) 48 B2
Courteix (19) 53 K7
Courtelevant (90) 39 G6
Courtémont (51) 24 E1
Courtemont-Varennes (02) 23 J2
Courtenay (45) 35 G3
Courteuil (60) 22 D1
Courthézon (84) 74 D4
la Courtine (23) 53 K7
Courtivron (21) 37 F7
Courtomer (61) 20 C6
Courtry (77) 22 E3
Courville (51) 11 H8
Courville-sur-Eure (28) 21 G7
Cousances-les-Forges (55) 25 G6
Coussac-Bonneval (87) 52 E8
Coussay (86) 42 D5
Coussay-les-Bois (86) 43 F5
Coussey (88) 25 J7
Coust (18) 45 F6
Coustouges (66) 89 F7
Coutances (50) 6 D7
Couterne (61) 19 J4
Coutras (33) 61 G4
la Couture-Boussey (27) 21 H4
Couture-sur-Loir (41) 32 D5
la Couvertoirade (12) 73 F6
Couvignon (10) 36 E1
Couvonges (55) 25 F4
Couvrelles (02) 11 G8
Coux (07) 66 B7
Couze-et-Saint-Front (24) 62 B6
Couzeix (87) 52 E5
Couzou (46) 63 F7
Cozes (17) 50 D7
Cramaille (02) 23 J1
Cramant (51) 24 A3
Cramoisy (60) 10 C8
Cran-Gevrier (74) 57 J5
Cransac (12) 72 A1
Craon (53) 31 F1
Craonne (02) 11 J7
Craponne (69) 56 B6
Craponne-sur-Arzon (43) 65 H2
Crasville-la-Rocquefort (76) 8 E4
la Crau (83) 86 E6
Cravant (89) 35 K6
Cravant-les-Côteaux (37) 42 E2
Crazannes (17) 50 E5
Cré (72) 31 K3
Créancey (21) 46 E2
Crécy-Couvé (28) 21 G5
Crécy-en-Ponthieu (80) 2 C8
Crécy-la-Chapelle (77) 23 F4
Crécy-sur-Serre (02) 11 H5
Créhen (22) 17 K4
Creil (60) 10 C8
Crémarest (62) 2 B4
Crémieu (38) 56 E6
Creney-près-Troyes (10) 24 B8
Créon (33) 61 F6
Crépon (14) 7 H5
Crépy (02) 11 H5
Crépy-en-Valois (60) 23 F1
le Crès (34) 73 J8
Cressé (17) 51 G5
Cressia (39) 47 K7
Cressonsacq (60) 10 C7
Crest (26) 66 D7
le Crest (63) 54 D7
Crest-Voland (73) 58 A5
Crestet (84) 74 E3
Créteil (94) 22 D4
Creully (14) 7 H5
Creuse (80) 10 A3
le Creusot (71) 46 E5
Creutzwald (57) 14 C4
Crèvecœur-en-Auge (14) 20 A2
Crèvecœur-le-Grand (60) 10 A5
Crévoux (05) 59 H8
Creysse (24) 62 A6
Creysse (46) 63 F6
Cricquebœuf (14) 8 B7
Cricqueville-en-Auge (14) 8 A8
Cricqueville-en-Bessin (14) 7 F4
Criel-sur-Mer (76) 9 G2
Crillon (60) 9 K6
Crillon-le-Brave (84) 74 E4
Criquetot-l'Esneval (76) 8 C5
Crissay-sur-Manse (37) 42 E2
Crocq (23) 53 K5
Croisances (43) 65 G6
le Croisic (44) 29 H7
Croisilles (62) 3 G8
Croissy-sur-Seine (78) 22 C4
Croix (59) 3 J4
la Croix-aux-Mines (88) 27 F8
la Croix-du-Perche (28) 33 F1
la Croix-en-Touraine (37) 43 H1
Croix-Moligneaux (80) 10 E4
la Croix-Saint-Leufroy (27) 21 G2
la Croix-sur-Ourcq (02) 23 H1
la Croix-sur-Roudoule (06) 76 E5
la Croix-Valmer (83) 87 G6
Crolles (38) 67 H2
la Cropte (53) 19 H8
Crosne (91) 22 D5
Crosville-sur-Douve (50) 6 D4
le Crotoy (80) 2 B8
Crots (05) 59 G8
Croutoy (60) 10 E7
Crouttes (61) 20 B3
Crouy-sur-Ourcq (77) 23 G2
Crouzilles (37) 42 E3
Crozant (23) 53 G1
Crozet (01) 57 H2
le Crozet (42) 55 H3
Crozon (29) 5 J4
Cruas (07) 66 C7
Crugny (51) 11 J8
Cruseilles (74) 57 J4
Crusnes (54) 13 J6
Cruzille (71) 47 G8
Cruzy (34) 83 F3
Cruzy-le-Châtel (89) 36 C4
Cry (89) 36 C5
Cublac (19) 62 E4
Cucharmoy (77) 23 G6
Cuchery (51) 23 K2
Cucuron (84) 75 G7
Cudot (89) 35 G3
Cuers (83) 86 D6
Cuffy (18) 45 H4
Cuges-les-Pins (13) 86 C5
Cugnaux (31) 81 G1
Cuincy (59) 3 H7
Cuiry-Housse (02) 11 H8
Cuiry-lès-Chaudardes (02) 11 J7
Cuiry-lès-Iviers (02) 11 K4
Cuis (51) 24 A3
Cuise-la-Motte (60) 10 E7
Cuiseaux (71) 47 J8
Cuisery (71) 47 H7
Cuisy-en-Almont (02) 11 F7
Culan (18) 44 D7
Culhat (63) 54 E5
Culoz (01) 57 G5
Cunlhat (63) 55 F7
Cuon (49) 31 K4
Cuq-Toulza (81) 81 K1
Curçay-sur-Dive (86) 31 K8
Curemonte (19) 63 G5
Curgy (71) 46 D4
Curzay-sur-Vonne (86) 42 C8
Curzon (85) 41 F8
Cusey (52) 37 H6
Cussac-Fort-Médoc (33) 60 D4
Cusset (03) 55 F3
Cussey-les-Forges (21) 37 G6
Cussy-en-Morvan (71) 46 C3
Cutry (54) 13 H6
Cuverville (76) 8 B5
Cuxac-d'Aude (11) 83 F4
Cysoing (59) 3 J5

D

Dabo (57) 15 F8
Dachstein (67) 27 H5
Daglan (24) 62 D7
Dagny-Lambercy (02) 11 K4
Daignac (33) 61 G6
Dainville (62) 3 G7
Damazan (47) 69 K3
Dambach-la-Ville (67) 27 H7
Damblain (88) 37 J2
Damery (51) 24 A2
Damgan (56) 29 H5
Dammarie-en-Puisaye (45) 35 F6
Dammarie-les-Lys (77) 22 E7
Dammartin-en-Gële (77) 22 E2
Damousies (59) 4 C8
Dampierre (10) 24 C6
Dampierre (14) 7 G7
Dampierre (39) 48 A2
Dampierre-en-Yvelines (78) 21 K5
Dampierre-sous-Bouhy (58) 35 G7
Dampierre-sur-Boutonne (17) 51 F3
Dampierre-sur-Moivre (51) 24 D3
Dampierre-sur-Salon (70) 37 K6
Dampleux (02) 23 G1
Dampniat (19) 63 F3
Damprichard (25) 49 G1
Damville (27) 21 F4
Damvillers (55) 13 G7
Dancé (61) 20 E8
Dangé-Saint-Romain (86) 43 F4
Dangeau (28) 33 G2
Dangu (27) 9 J8
Danjoutin (90) 39 F6
Dannemarie (68) 39 G5
Dannemoine (89) 36 A4
Dannes (62) 2 B5
Daoulas (29) 5 K4
Dardilly (69) 56 B6
Darmannes (52) 37 G2
Darnétal (76) 9 F7
Darnets (19) 63 J1
Darney (88) 38 B2
Daumazan-sur-Arize (09) 81 G5
Dauzat-sur-Vodable (63) 64 D1
Davayat (63) 54 D5
Davenescourt (80) 10 C5
Davézieux (07) 66 B3
Davignac (19) 63 J1
Dax (40) 68 C7
Deauville (14) 8 B7
Decazeville (12) 71 K1
Dechy (59) 3 H7
Décines-Charpieu (69) 56 C6
Decize (58) 45 K5
Dégagnac (46) 62 E8
Dehault (72) 32 D1
Delincourt (60) 21 K1
Delle (90) 39 F6
Delme (57) 14 B6
Demangevelle (70) 38 B3
Denain (59) 3 K7
Denazé (53) 31 F1
Deneuille-les-Mines (03) 54 B1
Deneuvre (54) 26 E7
Dénezé-sous-Doué (49) 31 J6
Dénezé-sous-le-Lude (49) 32 B7
Denipaire (88) 27 F7
Denonville (28) 21 J8
Déols (36) 44 A5
Dercé (86) 42 D4
Derval (44) 30 C3
Désaignes (07) 66 A5
Descartes (37) 43 F4
le Deschaux (39) 47 K4
Desvres (62) 2 C4
Dettey (71) 46 D6
Deuil-la-Barre (95) 22 C3
Deux-Chaises (03) 54 D1
les Deux-Fays (39) 47 K4
Deux-Jumeaux (14) 7 G4
Déville-lès-Rouen (76) 9 F6
Dhuizel (02) 11 H7
Diant (77) 35 G1
Dicy (89) 35 G4
Die (26) 67 F7
Dienne (15) 64 C4
Dienville (10) 24 D8
Dieppe (76) 9 F3
Dierre (37) 43 H1
Dieue-sur-Meuse (55) 25 H2
Dieulefit (26) 74 E1
Dieulouard (54) 26 A4
Dieuze (57) 14 C7
Diéval (62) 2 E6
Diges (89) 35 H5
Dignac (16) 51 K8
Digne-les-Bains (04) 76 A4
Digoin (71) 46 C8
Dijon (21) 47 H1
Dinan (22) 18 A4
Dinard (35) 18 A2
Dinteville (52) 36 E3
Diors (36) 44 B5
Diou (36) 44 C3
Dirac (16) 51 J7
Dirinon (29) 5 K3
Disneyland Paris (77) 23 F4
Dissay (86) 42 E6
Dissay-sous-Courcillon (72) 32 C6
Distré (49) 31 K7
Diusse (64) 79 J1
Dives-sur-Mer (14) 8 A8
Divion (62) 3 F6
Divonne-les-Bains (01) 57 J1
Dixmont (89) 35 J3
Doazit (40) 68 E8
Dohis (02) 12 A4
Dol-de-Bretagne (35) 18 C3
Dole (39) 47 K3
Dolleren (68) 39 F4
Dolus-d'Oléron (17) 50 B5
Domaize (63) 55 F7
Domart-en-Ponthieu (80) 10 A2
Dombasle-sur-Meurthe (54) 26 C5
Domblain (52) 25 F7
Dombrot-le-Sec (88) 38 A2
Domecy-sur-Cure (89) 36 A8
Domène (38) 67 H3
Domérat (03) 54 A1
Domèvre-en-Haye (54) 26 A4
Domèvre-sur-Durbion (88) 26 C8
Domeyrat (43) 65 F3
Domfessel (67) 14 E6
Domfront (61) 19 H3
Domfront-en-Champagne (72) 32 A2
Domjulien (88) 38 A1
Dommartin-Lettrée (51) 24 C4
Domme (24) 62 D6
Domont (95) 22 C2
Dompaire (88) 38 B1
Dompierre (61) 19 H3
Dompierre-les-Tilleuls (25) 48 C4
Dompierre-sur-Authie (80) 2 C7
Dompierre-sur-Besbre (03) 46 A8
Dompierre-sur-Mer (17) 50 C2
Dompremy (51) 24 E5
Domrémy-la-Pucelle (88) 25 J7
Donchery (08) 12 D4
Donges (44) 29 K7
Donjeux (52) 25 G8
le Donjon (03) 55 G1
Donnemarie-Dontilly (77) 23 G7
Donneville (31) 81 H2
Donville-les-Bains (50) 6 D8
Donzac (82) 70 C4
Donzenac (19) 63 F3
Donzère (26) 74 C2
Donzy (58) 45 H1
Donzy-le-Pertuis (71) 47 F8
le Dorat (87) 52 D2
Dorceau (61) 20 E7
Dore-l'Église (63) 65 G2
Dorlisheim (67) 27 H6
Dormans (51) 23 J2
Dormelles (77) 23 F8
Dornes (58) 45 J6
Dortan (01) 57 G1
Douadic (36) 43 H6
Douai (59) 3 H7
Douains (27) 21 H2
Douarnenez (29) 5 K6
Douchy-les-Mines (59) 3 K7
Doucier (39) 48 B6
Doucy-en-Bauges (73) 57 J6
Doudeauville (62) 2 C5
Doudeauville (76) 9 J6
Doudeauville-en-Vexin (27) 9 H8
Doudelainville (80) 9 J2
Doudeville (76) 8 E4
Doue (77) 23 G4
Doué-la-Fontaine (49) 31 J7
le Douhet (17) 50 E5
Doulaincourt-Saucourt (52) 25 G8
Doulcon (55) 12 E7
Doulevant-le-Château (52) 25 F8
Doullens (80) 10 B1
Doumely-Bégny (08) 12 A5
Dourdan (91) 22 B7
Dourges (62) 3 H6
Dourgne (81) 82 A2
Douriez (62) 2 C7
Dourlers (59) 4 B8
Dournazac (87) 52 C7
Doussay (86) 42 D5
Douvaine (74) 57 K1
Douvres-la-Délivrande (14) 7 J5
Douvrin (62) 3 G6
la Douze (24) 62 C4
Douzens (11) 82 D4
Douzy (08) 12 E5
Dozulé (14) 8 A8
Draguignan (83) 87 F3
Draillant (74) 58 A1
Drancy (93) 22 D3
Dravegny (02) 23 J1
Draveil (91) 22 D5
Dreux (28) 21 G5
Drevant (18) 44 E6
Droiturier (03) 55 G2
Droizy (02) 11 G8
Dromesnil (80) 9 K3
Drosnay (51) 24 D6
Droué (41) 33 F3
Droupt-Saint-Basle (10) 24 A7
Droupt-Sainte-Marie (10) 24 A7
Droyes (52) 24 E6
Drulingen (67) 14 E6
Drumettaz-Clarafond (73) 57 H7
Druyes-les-Belles-Fontaines (89) 35 J7
Ducey (50) 18 E3
Duclair (76) 8 E6
Ducy-Sainte-Marguerite (14) 7 H5
Dugny (93) 22 D3
Dugny-sur-Meuse (55) 25 H2
Duingt (74) 57 J5
Duisans (62) 3 F7
Dun-le-Palestel (23) 53 G2
Dun-les-Places (58) 46 C1
Dun-sur-Auron (18) 44 E5
Dun-sur-Meuse (55) 13 F7
Duneau (72) 32 C3
Dunes (82) 70 C5
Dunières (43) 65 K3
Dunkerque (59) 2 E1
Durance (47) 69 J4
Duranville (27) 20 D1
Duras (47) 61 J7
Duravel (46) 70 D1
Durban-Corbières (11) 82 E6
Durenque (12) 72 B4
Durfort (81) 82 A2
Durfort-et-Saint-Martin-de-Sossenac (30) 73 J5
Durtal (49) 31 J3
Dussac (24) 62 D2

E

Eaubonne (95) 22 C3
Eaux-Bonnes (64) 79 H6
Eaux-Puiseaux (10) 36 A2
Eauze (32) 69 J6
Ebersheim (67) 27 H7
Ebersmunster (67) 27 H7
Ébreuil (03) 54 D3
Écaquelon (27) 8 E8
Échannay (21) 47 F1
Échassières (03) 54 C3
Échauffour (61) 20 C5
Échebrune (17) 51 F7
l'Échelle (08) 12 B4
les Échelles (73) 67 G1
Échemiré (49) 31 K4
Échenay (52) 25 H7
Échillais (17) 50 D5
Échirolles (38) 67 G3
Eckbolsheim (67) 27 J5
Éclance (10) 24 E8
Éclaron-Braucourt-Sainte-Livière (52) 25 F6
Éclusier-Vaux (80) 10 D3
École (73) 57 J7
Écommoy (72) 32 B4
Écos (27) 21 J1
Écotay-l'Olme (42) 55 J8
Écouché (61) 19 K2
Écouen (95) 22 D3
Écouis (27) 9 H8
Écoyeux (17) 51 F5
Écriennes (51) 24 E5
Écrouves (54) 25 K5
Écueillé (36) 43 J3
Écuires (62) 2 B6
Écuisses (71) 46 E6
Éculleville (50) 6 C1
Écully (69) 56 C6
Écurat (17) 50 E6
Écury-sur-Coole (51) 24 C3
Écutigny (21) 47 F3
les Éduts (17) 51 G4
Eecke (59) 3 F3
Effiat (63) 54 E4
Égletons (19) 63 J2
Égliseneuve-d'Entraigues (63) 64 C2
Égly (91) 22 C6
Égreville (77) 35 F2
Éguilles (13) 85 J5
Éguilly (21) 46 E1
Eguisheim (68) 39 G2
Éguzon-Chantôme (36) 44 A8
Eichhoffen (67) 27 H7
Élan (08) 12 D5
Élancourt (78) 21 K4
Elbeuf (76) 9 F8
Élincourt-Sainte-Marguerite (60) 10 D6
Elliant (29) 16 B8
Ellon (14) 7 H5
Elne (66) 89 G5
Éloise (74) 57 H3
Éloyes (88) 38 D2
Elven (56) 29 H3
Émancé (78) 21 J6
Emberménil (54) 26 D5
Embrun (05) 59 G8
Émerainville (77) 22 E4
Éméville (60) 10 E8
Empuré (16) 51 J4
Encausse-les-Thermes (31) 80 D5
Énencourt-Léage (60) 9 K8
Engayrac (47) 70 C3
Enghien-les-Bains (95) 22 C3
Englancourt (02) 11 J3
Englesqueville-la-Percée (14) 7 G4
Englos (59) 3 H5
Ennery (95) 22 B2
Ennezat (63) 54 E5
Ennordres (18) 34 D8
Ensisheim (68) 39 H3
Entraigues (38) 67 J5
Entraigues-sur-la-Sorgue (84) 74 D5
Entrains-sur-Nohain (58) 35 H8
Entrammes (53) 19 G8
Entrange (57) 13 K6
Entraunes (06) 76 D3
Entraygues-sur-Truyère (12) 64 A8
Entre-deux-Guiers (38) 67 G1
Entre-deux-Monts (39) 48 C6
Entrecasteaux (83) 86 E3
Entrechaux (84) 74 E3
Entrevaux (04) 76 D5
Enveitg (66) 88 B7
Envermeu (76) 9 G3
Épaignes (27) 8 C8
les Éparges (55) 25 J2
Épaux-Bézu (02) 23 H2
Éperlecques (62) 2 D3
Épernay (51) 24 A2
Épernon (28) 21 J6
les Epesses (85) 41 H4
Epfig (67) 27 H7
Épiais-Rhus (95) 22 B2
Épieds (02) 23 J2
Épinac (71) 46 E4
Épinal (88) 38 C1
Épinay-sous-Sénart (91) 22 D5
Épinay-sur-Orge (91) 22 C5
Épinay-sur-Seine (93) 22 C3
l'Épine (51) 24 D3
Épineuil-le-Fleuriel (18) 45 F7
Épinouze (26) 66 C2
Époisses (21) 36 C7
Épône (78) 21 J3
Époye (51) 12 A8
Eppe-Sauvage (59) 12 A1
Eps (62) 2 E6
Équeurdreville-Hainneville (50) 6 C2
Équevilley (70) 38 B5
Équihen-Plage (62) 2 A4
Éragny (95) 22 B3
Erckartswiller (67) 15 F6
Erdeven (56) 28 E4
Ergué-Gabéric (29) 16 A8
Ermenonville (60) 22 E2
Ermont (95) 22 C3
Ernée (53) 19 F5
Ernes (14) 7 K7
Erquy (22) 17 J3
Err (66) 88 C7
Erstein (67) 27 J6
Ervy-le-Châtel (10) 36 A3
Esbly (77) 23 F3
Escales (11) 82 D4
Escalles (62) 2 B2
Escalquens (31) 81 H2
l'Escarène (06) 77 G6
Escaudain (59) 3 J7
Eschau (67) 27 J6
Eschbach-au-Val (68) 39 G2
Eschbourg (67) 15 F7
Escœuilles (62) 2 C4
Escoire (24) 62 C3
Escolives-Sainte-Camille (89) 35 J5
Escot (64) 79 G5
Escouloubre (11) 82 A8
Escurolles (03) 54 E3
Esley (88) 38 B1
Esnandes (17) 50 C2
Esnes (59) 11 G1
Espagnac-Sainte-Eulalie (46) 63 G8
Espalem (43) 64 E2
Espalion (12) 72 C1
Espanès (31) 81 H2
Espaon (32) 80 E2
Esparron (83) 75 J8
Esparron-de-Verdon (04) 75 K7
Espas (32) 69 J7
Espelette (64) 78 C3
Espéraza (11) 82 B6
Espezel (11) 82 A7
Espira-de-Conflent (66) 88 E5
Espira-de-l'Agly (66) 82 E8
Espirat (63) 54 E6
Espondeilhan (34) 83 G2
Esquay-sur-Seulles (14) 7 H5
Esquéhéries (02) 11 J2
Esquelbecq (59) 2 E3
Esquerdes (62) 2 D4
Esquibien (29) 5 J6
les Essards (37) 42 D1
les Essarts (85) 41 G5
les Essarts-le-Roi (78) 21 K5
Esse (16) 52 B4
Essé (35) 18 D8
Essertaux (80) 10 B4
Essertines-en-Châtelneuf (42) 55 H7
Essey-et-Maizerais (54) 25 K3
Essey-lès-Nancy (54) 14 A8
Essigny-le-Grand (02) 11 F4
Essises (02) 23 H3
Essômes-sur-Marne (02) 23 H2
Essoyes (10) 36 D3
Essuiles (60) 10 B6
les Estables (43) 65 J6
Estagel (66) 82 D8
Estaing (12) 72 C1
Estaires (59) 3 G5
Estandeuil (63) 55 F7
Estavar (66) 88 B7
Esteil (63) 64 E1
Esternay (51) 23 J5
Estibeaux (40) 68 D8
Estillac (47) 70 B4
Estissac (10) 36 A1
Estivals (19) 63 F5
Estivareilles (42) 65 J1
Estrée-Wamin (62) 2 E8
Estrées-lès-Crécy (80) 2 C8
Estrées-Saint-Denis (60) 10 D7
Esves-le-Moutier (37) 43 G3
Étables-sur-Mer (22) 17 G3
Étain (55) 13 H8
Étampes (91) 22 C7
Étang-sur-Arroux (71) 46 D5
Étaples (62) 2 B6
Étaules (17) 50 C6
Éternoz (25) 48 C3
Étienville (50) 6 D4
Étival-Clairefontaine (88) 26 E7
Étoges (51) 24 A4
Étoile-sur-Rhône (26) 66 C6
Étouvelles (02) 11 H6
Étréchy (91) 22 C7
Étréham (14) 7 G5
Étrépagny (27) 9 J8
Étrepy (51) 24 E4
Étretat (76) 8 B4
Étreval (54) 26 A7
Étriché (49) 31 H3
Etsaut (64) 79 G6
Étueffont (90) 39 F5
Étupes (25) 39 F7
Eu (76) 9 H2
Eugénie-les-Bains (40) 69 G8
Eus (66) 88 E5
Euvy (51) 24 B5
Évaux-les-Bains (23) 54 A3
Ève (60) 22 E2
Évecquemont (78) 21 K3
Évette-Salbert (90) 38 E5
Évian-les-Bains (74) 49 F8
Évillers (25) 48 D3
Évires (74) 57 K3
Évisa (2A) 91 G6
Évran (22) 18 B4
Évrecy (14) 7 J6
Èvres (55) 25 G3
Évreux (27) 21 F2
Évron (53) 19 J6
Évry (91) 22 D6
Excenevex (74) 57 K1
Excideuil (24) 62 D2
Exideuil (16) 52 B5
Exmes (61) 20 B4
Exoudun (79) 51 H1
Eybens (38) 67 G3
Eygalières (13) 74 E7
Eyguians (05) 75 J2
Eyguières (13) 74 E8
Eygurande (19) 54 A7
Eyjeaux (87) 52 E6
Eymet (24) 61 K7
Eymoutiers (87) 53 G6
Eyne (66) 88 C7
Eyrein (19) 63 H2
Eysines (33) 60 E5
les Eyzies-de-Tayac-Sireuil (24) 62 C5
Ézanville (95) 22 D2
Èze (06) 77 G7
Ézy-sur-Eure (27) 21 H4

F

Fabas (31) 80 E3
Fabrègues (34) 83 K1
Fabrezan (11) 82 D5
Faches-Thumesnil (59) 3 H5
Faget-Abbatial (32) 80 D2
Fagnières (51) 24 C3
Fains-Véel (55) 25 G4
Falaise (08) 12 C7
Falaise (14) 7 K8
Falicon (06) 77 G7
la Faloise (80) 10 B5
Falvy (80) 10 E4
Famars (59) 3 K7
Fameck (57) 13 K7
Fanjeaux (11) 82 A4
le Faou (29) 16 A6
le Faouët (56) 16 D8
la Fare-les-Oliviers (13) 85 H5
Farébersviller (57) 14 D4
Faremoutiers (77) 23 G4
Farges-lès-Mâcon (71) 47 G8
Fargues-sur-Ourbise (47) 69 J3
la Farlède (83) 86 D6
Faucogney-et-la-Mer (70) 38 D4
Faucon-de-Barcelonnette (04) 76 C1
Faudoas (82) 70 D7
Faugères (07) 73 K1
Faulquemont (57) 14 B5
Fauquembergues (62) 2 D5
la Faute-sur-Mer (85) 50 B1
Fauville-en-Caux (76) 8 D5
Faux-la-Montagne (23) 53 H6
Favalello (2B) 91 F3
Favars (19) 63 G3
Faverges (74) 57 K6
Faverney (70) 38 B5
Faverolles (36) 43 K2
Faverolles-et-Cëmy (51) 23 K1
Favresse (51) 24 E5
Fay-aux-Loges (45) 34 C4
Fay-sur-Lignon (43) 65 K5
Faye-la-Vineuse (37) 42 E4
le Fayel (60) 10 D7
Fayence (83) 76 D8
Fayl-la-Forêt (52) 37 J5
Faymoreau (85) 41 J7
Febvin-Palfart (62) 2 E5
Fécamp (76) 8 C4
Fégréac (44) 30 A3
Feignies (59) 4 B7
Feldbach (68) 39 G6
Felleries (59) 11 K1
Fellering (68) 39 F3
Felletin (23) 53 J5
Fenain (59) 3 J7
Fénétrange (57) 14 D7
Féniers (23) 53 J6
Fenioux (17) 50 E5
Fenioux (79) 41 K7
la Fère (02) 11 G5
Fère-Champenoise (51) 24 A5
Fère-en-Tardenois (02) 23 J1
Fèrebrianges (51) 24 A4
Féricy (77) 23 F7
Ferney-Voltaire (01) 57 J2
Ferques (62) 2 B3
Ferrette (68) 39 H6
Ferreux-Quincey (10) 23 J7
la Ferrière-de-Flée (49) 31 G2
Ferrière-la-Grande (59) 4 C8
Ferrière-Larçon (37) 43 G4
la Ferrière-sur-Risle (27) 20 E3
Ferrières-en-Brie (77) 22 E4
Ferrières-en-Gâtinais (45) 35 F2
Ferrières-sur-Sichon (03) 55 G4
la Ferté-Alais (91) 22 D7
la Ferté-Beauharnais (41) 33 K7
la Ferté-Bernard (72) 32 D2
la Ferté-Frênel (61) 20 C4
la Ferté-Gaucher (77) 23 H4
la Ferté-Imbault (41) 33 K8
la Ferté-Loupière (89) 35 H4
la Ferté-Macé (61) 19 J3
la Ferté-Milon (02) 23 G1
la Ferté-Saint-Aubin (45) 33 K6
la Ferté-Saint-Cyr (41) 33 J6
la Ferté-Saint-Samson (76) 9 H6
la Ferté-sous-Jouarre (77) 23 G3
la Ferté-Vidame (28) 20 E6
la Ferté-Villeneuil (28) 33 G3
Fervaques (14) 20 B2
Fessenheim (68) 39 J3
Fessy (74) 58 A1
Festieux (02) 11 J6
Festigny (51) 23 K2
Feucherolles (78) 21 K4
Feuges (10) 24 B7
Feuillade (16) 52 A7
la Feuillie (76) 9 H7
Feuquières-en-Vimeu (80) 9 J2
Feurs (42) 55 K6
Fèves (57) 13 K8
Feyt (19) 54 A7
Feytiat (87) 52 E6
Feyzin (69) 56 C7
Figanières (83) 76 C8
Figari (2A) 92 C3
Figeac (46) 63 H8
Filain (70) 38 B7
Fillé (72) 32 B4
Fillières (54) 13 J7
Fillièvres (62) 2 D7
Fillols (66) 88 E6
Finhan (82) 70 E6
Firmi (12) 72 A1
Firminy (42) 65 K2
Fismes (51) 11 H8
Fixin (21) 47 G2
Flamanville (50) 6 B3
Flamarens (32) 70 C5
Flavacourt (60) 9 K8
Flavigny-sur-Moselle (54) 26 B6
Flavigny-sur-Ozerain (21) 36 D7
Flavin (12) 72 B3
Flayosc (83) 87 F3
Fléac (16) 51 J7
Fléac-sur-Seugne (17) 51 F8
la Flèche (72) 31 K3
Fléchin (62) 2 E5
Flers (61) 19 H2
Flers (62) 2 E7
Flers-en-Escrebieux (59) 3 H7
Flêtre (59) 3 F4
Fleurance (32) 70 B7
Fleurie (69) 56 B3
Fleuriel (03) 54 D2
Fleury (60) 21 K1
Fleury-en-Bière (77) 22 D7
Fleury-la-Forêt (27) 9 H7
Fleury-les-Aubrais (45) 33 K4
Fleury-Mérogis (91) 22 D6
Fleury-sur-Andelle (27) 9 G7
Fleury-sur-Orne (14) 7 J6
Fléville (08) 12 E8
Fléville-devant-Nancy (54) 26 B5
Fleys (89) 36 A5
Flin (54) 26 D6
Flines-lez-Raches (59) 3 J6
Flixecourt (80) 10 A2
Flize (08) 12 D4
la Flocellière (85) 41 H5
Flogny-la-Chapelle (89) 36 A4
Floirac (33) 60 E6
Florac (48) 73 G3
Florange (57) 13 K7
Florensac (34) 83 H3
la Flotte (17) 50 B2
Flumet (73) 58 A5
Foix (09) 81 H6
le Folgët (29) 5 K2
Folleville (80) 10 B5
Fonches-Fonchette (80) 10 D4
Foncine-le-Bas (39) 48 C6
Foncine-le-Haut (39) 48 C6
Fondettes (37) 32 D8
Fondremand (70) 38 B7
Fons (46) 63 H8
Fonsorbes (31) 81 G2
Font-Romeu-Odeillo-Via (66) 88 C6
Fontaine (38) 67 G3
Fontaine (90) 39 F5
Fontaine-Chaalis (60) 22 E1
Fontaine-Chalendray (17) 51 G5
Fontaine-de-Vaucluse (84) 74 E6
Fontaine-Denis-Nuisy (51) 23 K6
Fontaine-Étoupefour (14) 7 J6
Fontaine-Française (21) 37 H7
Fontaine-Guérin (49) 31 K4
Fontaine-Henry (14) 7 J5
Fontaine-la-Soret (27) 20 D1
Fontaine-l'Abbé (27) 20 D2
Fontaine-le-Bourg (76) 9 G6
Fontaine-le-Comte (86) 42 D7
Fontaine-le-Dun (76) 8 E4
Fontaine-les-Coteaux (41) 32 E5
Fontaine-lès-Dijon (21) 47 G1
Fontaine-les-Ribouts (28) 21 G5
Fontaine-lès-Vervins (02) 11 J3
Fontaine-sur-Somme (80) 9 K2
Fontainebleau (77) 22 E8
Fontaines (85) 41 H8
Fontaines-d'Ozillac (17) 61 F1
Fontaines-en-Sologne (41) 33 H7
Fontaines-sur-Saône (69) 56 C5
Fontan (06) 77 H4
Fontanges (15) 64 A4
Fontans (48) 65 F7
Fontcouverte (11) 82 D5
Fontcouverte-la Toussuire (73) 67 K2
Fontenay-aux-Roses (92) 22 C4
Fontenay-en-Parisis (95) 22 D2
Fontenay-le-Comte (85) 41 J8
Fontenay-le-Fleury (78) 22 B4
Fontenay-le-Marmion (14) 7 J6
Fontenay-Saint-Père (78) 21 J2
Fontenay-sous-Bois (94) 22 D4
Fontenay-sous-Fouronnes (89) 35 J6
Fontenay-sur-Eure (28) 21 H8
Fontenay-sur-Mer (50) 6 E3
Fontenay-Torcy (60) 9 J6
Fontenay-Trésigny (77) 23 F5
Fontenoy (89) 35 H6
Fontenoy-le-Château (88) 38 B3
Fontet (33) 61 H8
Fontevraud-l'Abbaye (49) 42 C2
Fontoy (57) 13 J7
Fontvieille (13) 74 C7
Forbach (57) 14 D4
Forcalquier (04) 75 J5
la Force (24) 61 K6
Forest-l'Abbaye (80) 2 C8
la Forêt-Auvray (61) 19 J1
la Forêt-Fouesnant (29) 28 B1
la Forêt-sur-Sèvre (79) 41 J5
Forges-les-Eaux (76) 9 H5
Formentin (14) 20 B1
Formerie (60) 9 J5
Formigny (14) 7 G4
Formiguères (66) 88 C5
Fort-Louis (67) 15 J7
Fort-Mahon-Plage (80) 2 A7
Fort-Mardyck (59) 2 E1
Fortan (41) 32 E4
Fos (31) 80 D7
Fos-sur-Mer (13) 85 G6
le Fossat (09) 81 G4
Fosses (95) 22 D2
Fossieux (57) 14 A7
Fossoy (02) 23 J2
Foucarmont (76) 9 H3
Foucaucourt-sur-Thabas (55) 25 G2
Foucherans (25) 48 C2
Fouchères (10) 36 C2
Fouday (67) 27 G7
Fouesnant (29) 28 A1
Foug (54) 25 K5
Fougeré (49) 31 K3
Fougères (35) 18 E5
Fougères-sur-Bièvre (41) 33 G8
Fougerolles (70) 38 C4
Foulangues (60) 10 B8
Fouquières-lès-Lens (62) 3 G6
Fouras (17) 50 C4
Fourcès (32) 69 K5
Fourdrinoy (80) 10 A3
les Fourgs (25) 48 E5
Fourmagnac (46) 63 H8
Fourmetot (27) 8 D7
Fourmies (59) 11 K2
Fournels (48) 64 D6
Fournets-Luisans (25) 48 E2
Fourques (30) 74 C8
Fourquevaux (31) 81 J2
Fours (58) 46 A5
Fours-en-Vexin (27) 21 J1
Foussais-Payré (85) 41 J7
le Fousseret (31) 81 F4
Fraisses (42) 65 K2
Fraize (88) 39 F1
Francescas (47) 70 A5
Franchesse (03) 45 H7
Francheville (27) 20 E4
Francheville (69) 56 B6
Franconville (95) 22 C3
Francs (33) 61 H5
Frangy (74) 57 H4
Franqueville-Saint-Pierre (76) 9 G7
Fransèches (23) 53 J4
Frasne (25) 48 C4
Frasne-le-Château (70) 38 A7
Frauenberg (57) 14 E4
Frazé (28) 33 F1
Frebécourt (88) 25 J7
Fréhel (22) 17 J4
la Freissinouse (05) 67 J8
Freistroff (57) 14 B3
Fréjus (83) 87 H4
Fréland (68) 39 G1
Frelinghien (59) 3 H4
Frémontiers (80) 10 A4
Frencq (62) 2 B5
Fresles (76) 9 G4
Fresnay-sur-Sarthe (72) 32 A1
la Fresnaye-sur-Chédouet (72) 20 B7
le Fresne-Camilly (14) 7 J5
Fresne-Saint-Mamès (70) 38 A6
Fresneaux-Montchevreuil (60) 10 A8
Fresnes (41) 33 H8
Fresnes (94) 22 C5
Fresnes-en-Wëvre (55) 25 J2
Fresnes-sur-Escaut (59) 4 A6
Fresney-le-Puceux (14) 7 J7
Fresnois-la-Montagne (54) 13 H6
Fresnoy-la-Rivière (60) 10 E8
Frespech (47) 70 C3
Fresselines (23) 53 G1
Fressin (62) 2 D6
Fréteval (41) 33 G4
Frétigny (28) 21 F8
la Frette (71) 47 H6
la Frette-sur-Seine (95) 22 C3
Frévent (62) 2 E7
Frévillers (62) 3 F7
Freyming-Merlebach (57) 14 C4
Freyssenet (07) 66 B7
Friville-Escarbotin (80) 9 H1
Frœschwiller (67) 15 H5
Frohen-le-Petit (80) 2 D8
Frohmuhl (67) 15 F6
Froidefontaine (90) 39 F6
Froissy (60) 10 B6
Frôlois (21) 36 E7
Fromental (87) 52 E3
Fromentières (51) 23 K4
Fronsac (33) 61 G5
Frontenay (39) 48 A5
Frontenay-Rohan-Rohan (79) 51 F2
Frontignan (34) 83 K2
Fronton (31) 71 F7
Fronville (52) 25 G7
Frouard (54) 26 B4
Frouzins (31) 81 G2
Froville (54) 26 C6
Frucourt (80) 9 K2
Fruges (62) 2 D6
Frugières-le-Pin (43) 65 F3
le Fuilet (49) 30 E6
Fumay (08) 12 C2
Fumel (47) 70 D1
Fumichon (14) 20 C1
Fuveau (13) 85 K6

G

Gabarret (40) 69 J5
Gabian (34) 83 G2
Gacé (61) 20 B4
la Gacilly (56) 29 K3
Gadancourt (95) 21 K2
Gagny (93) 22 D4
Gaillac (81) 71 H6
Gaillan-en-Médoc (33) 60 C2
Gaillard (74) 57 J2
Gaillefontaine (76) 9 J5
Gaillon (27) 21 G1
Gaillon-sur-Montcient (78) 21 K2
Galan (65) 80 B4
Galéria (2B) 91 F7
Gallardon (28) 21 J7
Gamaches (80) 9 H2
Gambsheim (67) 15 J7
Gan (64) 79 H4
Gandelu (02) 23 G2
Gandrange (57) 13 K8
Ganges (34) 73 H6
Gannat (03) 54 D3
Gap (05) 67 J8
Garancières-en-Beauce (28) 21 K7
Garches (92) 22 C4
Garchizy (58) 45 H3
Garchy (58) 45 H2
Gardanne (13) 85 K6
la Garde (04) 76 C6
la Garde (83) 86 D6
la Garde-Adhémar (26) 74 C2
la Garde-Freinet (83) 87 F5
Gardes-le-Pontaroux (16) 51 K8
Garein (40) 68 E5
la Garenne-Colombes (92) 22 C3
Gargenville (78) 21 J3
Garges-lès-Gonesse (95) 22 D3
Gargilesse-Dampierre (36) 44 A8
Garigny (18) 45 G3
Garlan (29) 16 C3
Garlin (64) 79 J1
la Garnache (85) 40 D4
Garons (30) 74 B7
Garris (64) 78 E3
Gas (28) 21 J6
Gassin (83) 87 G5
Gatteville-le-Phare (50) 6 E1
Gauchy (02) 11 F4
la Gaude (06) 77 F7
Gaujac (30) 74 C5
le Gault-Perche (41) 33 F2
Gavarnie (65) 79 K8
Gavaudun (47) 70 C1
Gavray (50) 6 E8
le Gâvre (44) 30 B4
Gaye (51) 23 K5
Geaune (40) 69 G8
Geay (17) 50 E5
Gèdre (65) 79 K7
Geishouse (68) 39 F3
Geispolsheim (67) 27 J6
Gelos (64) 79 H3
Gelvécourt-et-Adompt (88) 38 B1
Gemeaux (21) 37 G7
Gémenos (13) 86 B5
Gémozac (17) 50 E7
Genac (16) 51 H6
Genainville (95) 21 J2
Genas (69) 56 D6
Gençay (86) 51 K1
Gendrey (39) 48 A2
Générac (30) 74 B7
Générargues (30) 73 J5
Genêts (50) 18 D2
la Genevraye (77) 22 E8
Génicourt-sur-Meuse (55) 25 H2
Genillé (37) 43 H2
Génissac (33) 61 G6
Genlis (21) 47 H2
Gennes (49) 31 J6
Genneteil (49) 32 A6
Gennetines (03) 45 K7
Gennevilliers (92) 22 C3